全国一级造价工程师职业资格考试用书

Jiaotong Yunshu Gongcheng Zaojia Anli Fenxi
交通运输工程造价案例分析
Gonglu Pian
公 路 篇
（2021年版）

交通运输部职业资格中心　组织编写

人民交通出版社股份有限公司
北京

内 容 提 要

本书为"全国一级造价工程师职业资格考试用书"之一,根据最新版《全国一级造价工程师职业资格考试大纲》编写,由新的专家团队在2020年版的基础上,进一步结合造价领域发展趋势和考试要求重新修编而成。本书从交通运输工程建设项目投资估算与经济评价、交通运输工程设计、施工方案技术经济分析、交通运输工程计量与计价、公路工程招投标、交通运输工程合同价款管理、交通运输工程结算与决算6个方面精编了相关案例。

本书主要作为全国一级造价工程师(交通运输工程 公路工程)职业资格考试用书,也可作为交通运输院校工程造价、管理等相关专业师生学习参考用书。

图书在版编目(CIP)数据

交通运输工程造价案例分析. 公路篇:2021年版 / 交通运输部职业资格中心组织编写. — 北京:人民交通出版社股份有限公司, 2021.7
全国一级造价工程师职业资格考试用书
ISBN 978-7-114-17515-2

Ⅰ.①交… Ⅱ.①交… Ⅲ.①交通工程—工程造价—案例—资格考试—自学参考资料②道路工程—工程造价—案例—资格考试—自学参考资料 Ⅳ.①U491②U415.13

中国版本图书馆 CIP 数据核字(2021)第 145540 号

全国一级造价工程师职业资格考试用书
书　　名:交通运输工程造价案例分析　公路篇(2021年版)
著 作 者:交通运输部职业资格中心
责任编辑:刘永超　王海南
责任校对:孙国靖　卢　弦
责任印制:刘高彤
出版发行:人民交通出版社股份有限公司
地　　址:(100011)北京市朝阳区安定门外外馆斜街3号
网　　址:http://www.ccpcl.com.cn
销售电话:(010)59757973
总 经 销:人民交通出版社股份有限公司发行部
经　　销:各地新华书店
印　　刷:北京市密东印刷有限公司
开　　本:787×1092　1/16
印　　张:12
字　　数:290千
版　　次:2021年7月　第1版
印　　次:2021年7月　第1次印刷
书　　号:ISBN 978-7-114-17515-2
定　　价:50.00元

(有印刷、装订质量问题的图书由本公司负责调换)

《交通运输工程造价案例分析　公路篇》
（2021年版）

编 写 人 员

主　编：王欲敏
副主编：马文光

审 定 人 员

主　审：赵晞伟
成　员：（以姓氏笔画为序）
　　　　王　萍　杨智勇　张　诚　陈洪军　周敬东
　　　　董玉佩　程　静

前　　言

2018年7月，住房城乡建设部、交通运输部、水利部、人力资源社会保障部联合印发了《造价工程师职业资格制度规定》和《造价工程师职业资格考试实施办法》，正式建立了造价工程师职业资格制度。交通运输工程造价工程师是交通建设造价管理和咨询的具体参与者和实施者，是保障交通建设资金安全高效的最核心、最关键因素。实施好造价工程师职业资格制度，必将有效提升从业人员职业能力，强化从业人员职业操守，为加快建设交通强国、构建现代化高质量国家综合立体交通网提供人才支撑。

为方便从业人员复习备考，我中心组织编写了《交通运输工程技术与计量　公路篇》(2021年版)、《交通运输工程造价案例分析　公路篇》(2021年版)，分别与2个交通运输工程造价工程师专业科目相对应。新版考试用书突出对公路建设新标准、新工艺、新技术、新设备、新材料的考核，既可作为复习备考的指导用书，也可作为从业人员及交通院校在实际工作和教学培训中的参考用书。

《交通运输工程技术与计量　公路篇》(2021年版)由重庆交通大学王欲敏、四川省交通勘察设计研究院有限公司马文光主编，分工如下：第一章由四川省交通勘察设计研究院有限公司马文光编写，第二章由招商局重庆交通科研设计院有限公司朱根桥编写，第三章、第五章、第六章由四川省交通勘察设计研究院有限公司马文光、中铁大桥局集团有限公司陈洪军和招商局重庆交通科研设计院有限公司朱根桥、李明、丁浩、易辉、周健，以及重庆交通大学王欲敏、孔令云合编，第四章由招商局重庆交通科研设计院有限公司易辉、重庆交通大学王欲敏合编，第七章由重庆交通大学王欲敏、四川省交通勘察设计研究院有限公司马文光合编。

《交通运输工程造价案例分析　公路篇》(2021年版)由重庆交通大学王欲敏、四川省交通勘察设计研究院有限公司马文光主编。

考试用书编写过程中得到了公路工程建设、造价(定额)管理、设计、施工和造价咨询等单位和专家的大力支持，在此一并表示感谢！

由于水平有限，疏漏和纰误在所难免，敬请批评指正。

交通运输部职业资格中心
2021年7月

目 录

第一章 交通运输工程建设项目投资估算与经济评价 …………………………… 1
第二章 交通运输工程设计、施工方案技术经济分析 …………………………… 25
第三章 交通运输工程计量与计价 ……………………………………………… 49
第四章 公路工程招投标 ………………………………………………………… 126
第五章 交通运输工程合同价款管理 …………………………………………… 146
第六章 交通运输工程结算与决算 ……………………………………………… 164

第一章 交通运输工程建设项目投资估算与经济评价

本章基本知识点

1. 公路建设项目投资估算的编制。
2. 建设期贷款利息计算方法。
3. 建设项目财务评价指标的计算及报表的编制。
4. 建设项目财务评价主要内容。
5. 建设项目不确定性分析与风险分析。
6. 建设项目增值税知识及其管理方法。

 案例1-1

某平原微丘区二级公路,路线长49km。路基工程数量为:挖方1098000m³,利用方填方473000m³,弃方和利用方的平均运距均为1km;混凝土边沟、排水沟91200m³,混凝土防护98900m³。路面工程数量为:4cm中粒式沥青混凝土521000m²,30cm水泥稳定砂砾基层561000m²,15cm路面垫层623000m²。桥涵工程数量为:1~1.5m圆管涵1030m/60道,1-2m盖板涵850m/50道。交叉工程数量为:与三级公路平面交叉5处。

根据上述资料列出编制本项目工程估算所涉及定额指标的工程细目名称、指标代号、单位、指标工程数量等内容,见下表。

表1-1-1

	工程细目	指标代号	单 位	数 量	指标调整或系数
路基工程	挖、装土方	1-1-1	1000m³	1098	
	30t以内自卸汽车运土第一个1km	1-4-5	1000m³	1098	
	二级公路填土方	1-2-2	1000m³	473.00	
	混凝土圬工	1-8-2	1000m³	91.2	
	混凝土防护	1-9-4	1000m³	98.9	

— 1 —

续上表

工程细目		指标代号	单位	数量	指标调整或系数
路面工程	中粒式沥青混凝土	2-5-20	1000m³	20.84	
	水泥砂砾基层压实厚度20cm	2-2-5	1000m²	561	压路机、摊铺机消耗量加倍
	水泥砂砾基层每增加1cm	2-2-6	1000m²	561	系数10
	路面垫层压实厚度15cm	2-1-1	1000m²	623	
桥涵工程	钢筋混凝土圆管涵涵身	4-2-3	10延米	103	
	钢筋混凝土圆管涵洞口	4-2-4	1道	120	
	跨径2m以内盖板涵涵身	4-1-3	10延米	85	
	跨径2m以内盖板涵洞口	4-1-4	1道	100	
交叉工程	被交道等级三级	5-4-3	1处	5	

📖 问题：

分析表中造价工程师编制估算时的错误之处并改正。

📖 分析要点：

根据估算指标，造价工程师存在的编制错误有以下2点：

①根据估算指标第二章说明，稳定土基层压实厚度超过20cm以上进行分层拌和、碾压时，拖拉机、平地机、摊铺机、压路机的台班消耗量按定额数量加倍计算，表中遗漏定额人工消耗量的调整，每1000m²增加1.5个工日。

②涵洞工程的估算工程数量计算规则中规定，涵身按涵洞长度计算，洞口按道计算，一道涵洞按两个洞口计算，如涵洞只有一个洞口，则按0.5计算。故本题涵洞洞口数量计算有误，洞口应按涵洞道数计算，不应乘以2。

根据《公路工程估算指标》（JTG/T 3821—2018），造价工程师编制项目估算时，漏计部分内容需补充。一般设计所提供的工程数量表中对其他临时工程、交通安全设施、其他排水工程、路基零星工程、路面零星工程等按里程计算费用的估算项，不会单独给出工程数量。造价人员在编制估算时，应根据公路等级、里程等资料计算该部分内容，不得漏计。

参考答案：

表 1-1-2

工程细目		指标代号	单 位	数 量	指标调整或系数
临时工程	平原微丘区二级公路其他临时工程	7-4-5	1公路公里	49	
路基工程	挖、装土方	1-1-1	1000m³	1098	
	30t 以内自卸汽车运土第一个 1km	1-4-5	1000m³	1098	
	二级公路填土方	1-2-2	1000m³	473.00	
	混凝土圬工	1-8-2	1000m³	91.2	
	混凝土防护	1-9-4	1000m³	98.9	
	二级公路平原微丘区路基零星工程	1-7-3	1km	49	
	二级公路其他排水工程	1-8-5	1km	49	
路面工程	中粒式沥青混凝土	2-5-20	1000m³	20.84	
	水泥砂砾基层压实厚度20cm	2-2-5	1000m²	561	人工每1000m²增加1.5个工日，压路机、摊铺机消耗量加倍
	水泥砂砾基层每增加1cm	2-2-6	1000m²	561	系数10
	路面垫层压实厚度15cm	2-1-1	1000m²	623	
	二级公路平原微丘区路面零星工程	2-8-3	1km	49	
桥涵工程	钢筋混凝土圆管涵涵身	4-2-3	10延米	103	
	钢筋混凝土圆管涵洞口	4-2-4	1道	60	
	跨径2m以内盖板涵涵身	4-1-3	10延米	85	
	跨径2m以内盖板涵洞口	4-1-4	1道	50	
交叉工程	被交道等级三级	5-4-3	1处	5	
安全设施	二级平原微丘区	6-1-8	1公路公里	49	

案例1-2

某公路建设项目，建筑安装工程费、土地使用及拆迁补偿费与工程建设其他费三部分费用的估算金额为100000万元，预备费为9000万元，项目建设期为3年。各年的投资比例为：第一年30%,第二年40%,第三年30%。

该项目资金来源为自有资金和贷款。贷款本金为总额70000万元(其中世界银行贷款为2500万美元),贷款按年度投资比例发放,年内均衡拨付。贷款的人民币部分年名义利率为6%(按季复利计息);贷款的外汇部分年利率为3.5%(按年复利计息),外汇牌价为1美元兑换7.0元人民币。

问题:

1. 计算本项目建设期贷款利息。
2. 计算本项目投资估算总金额。

分析要点:

问题1:

由于本案例中人民币贷款部分按季计息,实际计息期与名义利率计息期的时间单位不一致,已知条件中所给年利率为名义利率,计算建设期贷款利息前,应先将名义利率换算为实际利率。

名义利率换算为实际利率的公式如下:

$$实际利率 = \left(1 + \frac{名义利率}{年计息次数}\right)^{年计息次数} - 1$$

问题2:

根据建设项目投资估算总金额的构成内容,计算建设项目投资估算总金额。投资估算总金额 = 建筑安装工程费 + 土地使用及拆迁补偿费 + 工程建设其他费 + 预备费 + 贷款利息。

参考答案:

问题1:

计算建设期贷款利息。

(1)人民币贷款实际利率计算

人民币实际利率:$(1 + 6\% \div 4)^4 - 1 = 6.14\%$。

(2)每年投资的贷款部分本金数额计算

①人民币部分:

贷款本金总额:$70000 - 2500 \times 7.0 = 52500$(万元);

第1年:$52500 \times 0.3 = 15750$(万元);

第2年:$52500 \times 0.4 = 21000$(万元);

第3年:$52500 \times 0.3 = 15750$(万元)。

②美元部分:

贷款本金总额:2500(万美元);

第1年:$2500 \times 30\% = 750$(万美元);

第2年:$2500 \times 40\% = 1000$(万美元);

第3年:$2500 \times 30\% = 750$(万美元)。

(3) 计算每年应计利息
① 人民币建设期贷款利息计算：
第 1 年贷款利息：$(0 + 15750 \div 2) \times 6.14\% = 483.53$（万元）；
第 2 年贷款利息：$[(15750 + 483.53) + 21000 \div 2] \times 6.14\% = 1641.44$（万元）；
第 3 年贷款利息：$[(15750 + 483.53 + 21000 + 1641.44) + 15750 \div 2] \times 6.14\%$
　　　　　　 $= 2870.45$（万元）；
人民币贷款利息合计：$483.53 + 1641.44 + 2870.45 = 4995.42$（万元）。
② 外币贷款利息计算：
第 1 年外币贷款利息：$(0 + 750 \div 2) \times 3.5\% = 13.13$（万美元）；
第 2 年外币贷款利息：$[(750 + 13.13) + 1000 \div 2] \times 3.5\% = 44.21$（万美元）；
第 3 年外币贷款利息：$[(750 + 13.13 + 1000 + 44.21) + 750 \div 2] \times 3.5\% = 76.38$（万美元）；
外币贷款利息合计：$13.13 + 44.21 + 76.38 = 133.72$（万美元）；
合计贷款利息金额：$4995.42 + 133.72 \times 7.0 = 5931.46$（万元）。

问题 2：
根据公路建设项目投资估算总金额的构成内容，计算拟建项目投资估算总金额。
投资估算总金额 = 建筑安装工程费 + 土地使用及拆迁补偿费 + 工程建设其他费 + 预备费 +
　　　　　　　贷款利息 = $100000 + 9000 + 5931.46 = 114931.46$（万元）。

案例 1-3

某山岭区独立公路分离式隧道（高速公路），双向四车道，隧道全长 1600m/双洞，Ⅳ级围岩洞身面积 25800m²，Ⅴ级围岩洞身面积 7250m²，明洞洞身面积 492m²，管棚 120m（单洞两车道），注浆小导管（φ42mm×3.5mm）81000m，小导管注水泥浆 0.01m³/m，不考虑隧道路面、管理站及消防用水等费用。

问题：

1. 列出本隧道工程估算建筑安装工程费所涉及的定额指标的工程细目名称、指标代号、单位、指标工程数量，并填入表格中。需要时应列式计算或用文字说明。
2. 计算隧道工程设备费用。

分析要点：

问题 1：
根据《公路工程建设项目投资估算编制办法》（JTG 3820—2018）、《公路工程估算指标》（JTG/T 3821—2018）编制隧道工程估算。本项目为独立隧道，应考虑安全设施、隧道监控、通风、消防、照明等工程费用；高速公路一座隧道按两端洞门计算；洞身定额按围岩类别不同，使用定额时的调整系数不同，其中Ⅴ级围岩指标应乘以 1.35 的系数；估算指标中小导管等定额，若有，则应套用概算定额编制。

问题 2：

隧道机电工程的设备费应根据《公路工程估算指标》（JTG/T 3821—2018）附录一设备购置费参考值计算。

📖 参考答案：

问题 1：

表 1-3-1

工程细目	指标代号	单 位	数 量	指标调整或系数
明洞分离式两车道	3-2-1	100m²	4.92	
洞门两车道分离式	3-3-1	每端洞门	2	
洞身 高速、一级公路分离式隧道长度3000m以内二车道（Ⅳ级围岩）	3-1-4	100m²	258	
洞身 高速、一级公路分离式隧道长度3000m以内二车道（Ⅴ级围岩）	3-1-4	100m²	72.5	1.35
管棚二车道	3-6-1	10隧长米	12	
超前小导管	借［部2018概］3-1-7-5	100m	810	
注水泥浆	借［部2018概］3-1-7-6	10m³	81	
高速公路隧道安全设施	6-1-2	1km	1.6	
通信系统	6-3-1	1公路公里	1.6	
通信管道	6-3-2	1公路公里	1.6	
监控系统	6-5-1	1km	1.6	
通风系统 隧道长度5000m以下	6-5-2	1km	1.6	
消防系统	6-5-4	1km	1.6	
供配电及照明	6-5-5	1km	1.6	
预留预埋件	6-5-6	1km	1.6	

问题 2：

通信系统设备购置费：$1.6 \times 150000 = 240000$（元）；

隧道监控设备购置费：$1.6 \times 1819369 = 2910990$（元）；

隧道通风设备购置费：$1.6 \times 1625384 = 2600614$（元）；

隧道消防设备购置费：$1.6 \times 281722 = 450755$（元）；

隧道供配电及照明设备购置费：$1.6 \times 2441966 = 3907146$（元）；

本项目隧道工程设备费合计：$240000 + 2910990 + 2600614 + 450755 + 3907146 = 10109505$（元）。

案例1-4

某建设项目编制了项目经济费用效益相关数据表,项目计算期20年,社会折现率10%。相关资料见表1-4-1、表1-4-2。

项目经济费用效益相关数据表(单位:万元) 表1-4-1

序号	费用项目	合计	建设期		运 营 期			
			第1年	第2年	第3年	第4年	第5~19年	第20年
1	建设投资	4000	1500	2500				
2	流动资金	42			42			
3	运营成本	1245			60	65	70	70
4	时间节约	10330			500	550	580	580
5	运输费用节约	1341			55	70	76	76
6	减少交通事故	144			8	8	8	8
7	回收流动资金	42						42
8	回收固定资产余值	2000						2000

复利系数表 表1-4-2

i	n	$F/P,i,n$	$P/F,i,n$	$A/P,i,n$	$P/A,i,n$	$A/F,i,n$	$F/A,i,n$
10%	3	1.3310	0.7513	0.4021	2.4869	0.3021	3.3100
	4	1.4641	0.6830	0.3155	3.1699	0.2155	4.4610
	15	4.1772	0.2394	0.1315	7.6061	0.0315	31.7720
	20	6.7275	0.1486	0.1175	8.5136	0.0175	57.2720

问题:

根据表中数据,计算该项目各年净效益流量、经济净现值,并判断项目是否具有经济合理性。

分析要点:

国民经济效益费用流量表用以计算全部投资的经济净现值、经济内部收益率等指标。该表主要由效益流量、费用流量和净效益流量组成。其中,效益流量包括产品销售(营业收入)、回收固定资产余值、回收流动资金以及项目的间接效益。费用流量包括固定资产投资、流动资金、经营费用以及项目的间接费用。净效益流量等于效益流量与费用流量之差。

经济净现值(ENPV)指用社会折现率将项目计算期内各年净效益流量折算到项目建设期初的现值之和。经济净现值大于零的项目是可选择的项目。

$$ENPV = \sum_{t=1}^{n} \frac{(B-C)_t}{(1+i_s)^t}$$

式中: B——经济效益流量;

C——经济费用流量；

$(B-C)_t$——第 t 年的经济净效益流量；

n——项目计算期；

i_s——社会折现率。

参考答案：

表 1-4-1 中 1～3 项属于费用流量，4～8 项属于效益流量。

(1) 计算期第 1 年净效益流量：-1500(万元)；

第 2 年净效益流量：-2500(万元)；

第 3 年净效益流量：500 + 55 + 8 - 42 - 60 = 461(万元)；

第 4 年净效益流量：550 + 70 + 8 - 65 = 563(万元)；

第 5～19 年净效益流量：580 + 76 + 8 - 70 = 594(万元)；

第 20 年净效益流量：580 + 76 + 8 + 42 + 2000 - 70 = 2636(万元)。

(2) 项目经济净现值 = [-1500/(1 + 10%)] + [-2500/(1 + 10%)²] + 461 × (P/F, 10%, 3) + 563 × (P/F, 10%, 4) + 594 × (P/A, 10%, 15) × (P/F, 10%, 4) + 2636 × (P/F, 10%, 20) = 778.65(万元)。

(3) 由以上计算可知，经济净现值大于零，该项目具有经济合理性。

案例 1-5

某建设项目建设期 1 年，运营期 6 年。项目投产第 1 年可获得当地政府补贴收入 100 万元。项目建设的其他基本数据如下：

1. 项目建设投资估算为 1000 万元，预计全部形成固定资产(包含可抵扣固定资产进项税额 100 万元)，固定资产使用 10 年，按直线法折旧，期末净残值率 4%，固定资产余值在项目运营期末收回。投产当年需要投入运营期流动资金为 200 万元。

2. 正常年份营业收入为 702 万元(其中销项税额为 102 万元)，经营成本为 380 万元(其中进项税额为 50 万元)；税金附加按应纳增值税的 10% 计算，所得税税率为 25%；行业所得税后基准收益率为 10%，基准投资回收期为 6 年，企业投资者期望的最低可接受所得税后收益率为 15%。

3. 投产第 1 年仅达到设计生产能力的 80%，预计这一年的营业收入及其所含销项税额、经营成本及其所含进项税额均为正常年份的 80%；以后各年均达到设计生产能力。

4. 运营第 4 年，需要花费 50 万元(无可抵扣进项税额)更新新型自动控制设备配件，维持以后的正常运营需要。该维持运营投资按当期费用计入年度总成本。

问题：

1. 编制拟建项目投资现金流量表。
2. 计算项目的静态投资回收期、财务净现值和财务内部收益率。
3. 评价项目的财务可行性。

4. 若该项目的初步融资方案为:贷款400万元用于建设投资,贷款年利率为10%(按年计息),还款方式为运营期前3年等额还本,利息照付。剩余建设投资及流动资金来源于项目资本金。试编制拟建项目的资本金现金流量表,并根据该表计算项目的资本金财务内部收益率,评价项目资本金的盈利能力和融资方案下的财务可行性。

分析要点:

建设项目财务分析可分为融资前分析和融资后分析,一般宜先进行融资前分析,在融资前分析结论满足要求的情况下,初步设定融资方案,再进行融资后分析。

融资后分析是指以设定的融资方案为基础进行的财务分析,它以融资前分析和初步的融资方案为基础,考察项目在拟定融资条件下的盈利能力、偿债能力和财务生存能力,判断项目方案在融资条件下的可行性。融资后分析是比选融资方案、进行融资决策和投资者最终决定出资的依据。

本案例较为全面地考核了建设项目融资前财务分析,要求编制项目投资现金流量表,计算项目财务净现值、投资内部收益率和静态投资回收期指标并评价项目的财务可行性。基于对比的需要,进一步考核了融资后财务分析的相关知识。融资后财务分析涉及面广、知识点多,本案例只要求编制项目的资本金现金流量表,计算项目的资本金财务内部收益率。

本案例主要解决以下概念性问题、提出知识点:

(1)自2016年5月1日起,我国已经全面推行"营改增"。增值税是以商品(含应税劳务)在流转过程中产生的增值额作为计税依据而征收的一种流转税,实行价外税。增值税应纳税额按照以下公式计算:

$$增值税应纳税额 = 当期销项税额 - 当期进项税额$$

$$当期销项税额 = 销售额 \times 税率$$

当期进项税额为纳税人当期购进货物或者接受应税劳务支付或者负担的增值税额。

当期销项税额小于当期进项税额,不足抵扣时,其不足部分可以结转下期继续抵扣。

此外,工程项目投资构成中的建筑安装工程费、设备及工器具购置费、工程建设其他费用中所含增值税进项税额,可以根据国家增值税相关规定实施抵扣,该可抵扣固定资产进项税额不得计入固定资产原值。

客观地讲,无论是建设期发生的建筑安装工程费、设备及工器具购置费、工程建设其他费用中所含的可抵扣增值税进项税额,还是生产经营期发生的各项成本开支中的可抵扣增值税进项税额,都无法在建设项目的前期经济评价阶段准确估计。就建设期投资估算而言,为了满足筹资的需要,应该足额估算,即按照含增值税进项税额的价格估算建设投资,因此需要将可抵扣固定资产进项税额单独列示,以便财务分析中正确计算固定资产原值和应纳增值税。就运营期而言,增值税由最终消费者负担,没有建设期建设投资进项税额抵扣时,现金流入中的当期销项税额等于现金流出中的当期进项税额和当期增值税应纳税额之和。仅就此而言,在现金流入、流出中同时不考虑增值税,并不会影响各年的净现金流量。但是由于增值税应纳税额的大小会影响城市维护建设税、教育费附加税等附加税费,进而也会影响项目现金流量,故建设项目经济评价时应对运营期各年的销项税额和进项税额进行科学测算,以使评价更准确、更符合实际。

当然,鉴于在项目投资决策阶段准确测算增值税十分困难,且增值税由最终消费者负担,受增值税影响的城市维护建设税、教育费附加等附加税费占投资、收入的比例很小,对经济评价的影响不大,故对拟建项目开展初步评价或者评价精度要求不高时,也可不考虑增值税的影响。

(2)融资前财务分析只进行盈利能力分析,并以项目投资现金流量分析为主要手段。为了体现固定资产进项税抵扣导致企业应纳增值税的降低致使净现金流量增加,应在现金流入中增加销项税额,同时在现金流出中增加进项税额(指运营投入的进项税额)以及应纳增值税。

(3)项目投资现金流量表中,固定资产原值应扣除可抵扣固定资产进项税额。另外,回收固定资产余值的计算,可能出现两种情况:

①运营期等于固定资产使用年限,则有:

$$固定资产余额 = 固定资产残值$$

②运营期小于固定资产使用年限,则有:

$$固定资产余值 = (使用年限 - 运营期) \times 年折旧费 + 残值$$

(4)所得税是现金流量表的主要现金流出项目,编制现金流量表,计算净现值、内部收益率等财务评价指标均需要正确计算项目各年的所得税。笼统而言,所得税的计税基础(应纳所得税额)是按规定弥补以前年度亏损后的税前利润,其中,税前利润 = 营业收入 - 总成本费用。由于总成本费用中包含有因融资产生的利息支出,同一个建设项目不同的融资方案会有不同的利息支出,进而有不同的总成本费用、税前利润和所得税。

融资前分析要求与融资条件无关,因此对项目投资现金流量表中的"所得税"应进行调整,引入"调整所得税"的概念,调整的目的就是为了不受融资方案的影响。调整所得税以息税前利润($EBIT$)为基础,按下列公式计算:

$$调整所得税 = 息税前利润(EBIT) \times 所得税率$$
$$息税前利润 = 利润总额 + 利息支出$$

或

$$息税前利润 = 营业收入 - 总成本费用 + 利息支出 + 补贴收入$$
$$总成本费用 = 经营成本 + 折旧费 + 摊销费 + 利息支出$$

或

$$息税前利润 = 营业收入 - 经营成本 - 折旧费 - 摊销费 + 补贴收入$$

此外,计算息税前利润时,除了剔除总成本费用中利息支出的影响外,建设期利息对折旧的影响(因为折旧的变化会对利润总额产生影响,进而影响息税前利润)也应被排除,即在融资前分析中,固定资产总额中不应包括建设期贷款利息,而在融资后分析中,建设期贷款利息则需要计入固定资产投资。

当然,如此将会出现两个折旧费和两个息税前利润(用于计算融资前所得税的息税前利润和利润与利润分配表中的息税前利润)。为简化起见,根据《建设项目经济评价方法与参数》(第三版),当建设期利息占总投资比例不是很大时,也可按利润表中的息税前利润计算调整所得税。

(5)财务净现值指把项目计算期内各年的财务净现金流量,按照基准收益率折现到建设期初的现值之和。各年的财务净现金流量均为当年各种现金流入和流出在年末的差值合计。不管当年各种现金流入和流出发生在期末、期中还是期初,当年的财务净现金流量均按期末发生考虑。

(6)等额还本、利息照付是常用的还款方式之一。等额还本、利息照付是在每年等额还本的同时,支付逐年相应减少的利息。还本付息的计算公式如下:

$$A_t = \frac{I_c}{n} + I_c \times \left(I - \frac{t-1}{n}\right) \times i$$

式中: A_t——第 t 年还本付息额;

$\dfrac{I_c}{n}$——每年偿还本金额;

$I_c \times \left(I - \dfrac{t-1}{n}\right) \times i$ ——第 t 年支付利息额。

需要注意的是,公式中的 I_c 并不仅仅只是项目建设期的贷款额,还应当包括建设期贷款利息累计,即建设期末的贷款本息累计额。

(7)项目投资财务内部收益率反映了项目占用尚未回收资金的获利能力,它取决于项目内部,反映项目自身的盈利能力,是考核项目盈利能力的主要动态评价指标。在财务评价中,将求出的项目投资财务内部收益率($FIRR$)与行业基准收益率 i_c 比较。当 $FIRR \geq i_c$ 时,可认为项目盈利能力已满足要求,在财务上是可行的。

注意区别利用静态投资回收期与动态投资回收期判断项目是否可行的不同之处。当静态投资回收期小于或等于基准投资回收期时,项目可行;只要动态投资回收期不大于项目寿命期,项目就可行。

项目的资本金财务内部收益率反映了项目资本金的获利水平,其表达式和计算方法同项目投资财务内部收益率,只是所依据的表格和净现金流量的内涵不同,判断的基础参数也可能不同。项目资本金财务内部收益率的基准参数应该体现项目发起人(代表项目所有权益投资者)对投资获利的最低期望值(最低可接受收益率)。当项目资本金财务内部收益率大于或等于该最低可接受收益率时,说明在该融资方案下,项目资本金获利水平超过或者达到了要求,该融资方案是可以接受的。

(8)一些项目在运营期需要投入一定的固定资产投资才能得以维持正常运营,这类投资称为维持运营投资。对维持运营投资,根据实际情况有两种处理方式:一种是予以资本化,即计入固定资产原值;一种是费用化,列入年度总成本。维持运营投资是否能够资本化,取决于其是否能够使可能流入企业的经济利益增加,且固定资产的成本是否能够可靠地计量。如果该投资投入后延长了固定资产的使用寿命,使产品质量实质性提高或者成本实质性降低等,那么应予以资本化,并计提折旧。否则该投资只能费用化,列入年度总成本。根据题意,本题的维持运营投资按当期费用计入年度总成本。

参考答案:

问题 1:

编制拟建项目投资现金流量表。

编制现金流量表之前需要计算以下数据,并将计算结果填入表 1-5-1 中。

(1) 计算固定资产折旧费(融资前,固定资产原值不含建设期贷款利息)

$$固定资产原值 = 形成固定资产的费用 - 可抵扣固定资产进项税额$$

固定资产折旧费:$(1000-100)\times(1-4\%)/10=86.4$(万元)。

(2) 计算固定资产余值

固定资产使用年限 10 年,运营期末只用了 6 年,还有 4 年未折旧。所以,运营期末固定资产余值为:

$$固定资产余值 = 年固定资产折旧费 \times 4 + 残值$$
$$= 86.4 \times 4 + (1000-100) \times 4\% = 381.6(万元)。$$

(3) 计算调整所得税

$$增值税应纳税额 = 当期销项税额 - 当期进项税额 - 可抵扣固定资产进项税额$$

故:

第 2 年的应纳增值税:当期销项税额 - 当期进项税额 - 可抵扣固定资产进项税额 $= 102 \times 0.8 - 50 \times 0.8 - 100 = -58.4$(万元)$\leq 0$,故第 2 年应纳增值税额为 0;

第 3 年的应纳增值税:当期销项税额 - 当期进项税额 - 可抵扣固定资产进项税额 $= 102 - 50 - 58.4 = -6.4$(万元)≤ 0,故第 3 年应纳增值税额为 0;

第 4 年的应纳增值税:$102 - 50 - 6.4 = 45.6$(万元);

第 5 年、第 6 年、第 7 年的应纳增值税:$102 - 50 = 52$(万元)。

$$调整所得税 = [营业收入 - 当期销项税额 - (经营成本 - 当期进项税额) - 折旧费 - 维持运营投资 + 补贴收入 - 增值税附加] \times 25\%$$

故:

第 2 年调整所得税:$[(702-102)\times80\% - (380-50)\times80\% - 86.4 - 0 + 100 - 0] \times 25\% = 57.40$(万元);

第 3 年调整所得税:$(600-330-86.4-0+0-0)\times25\% = 45.9$(万元);

第 4 年调整所得税:$(600-330-86.4-0+0-45.6\times10\%)\times25\% = 44.76$(万元);

第 5 年调整所得税:$(600-330-86.4-50+0-52\times10\%)\times25\% = 32.10$(万元);

第 6 年、第 7 年调整所得税:$(600-330-86.4-0+0-52\times10\%)\times25\% = 44.60$(万元)。

项目投资现金流量表(单位:万元)　　　　　表 1-5-1

序号	项　　目	建设期	运　营　期					
		第 1 年	第 2 年	第 3 年	第 4 年	第 5 年	第 6 年	第 7 年
1	现金流入	0.00	661.60	702.00	702.00	702.00	702.00	1283.60
1.1	营业收入(不含销项税额)		480.00	600.00	600.00	600.00	600.00	600.00
1.2	销项税额		81.60	102.00	102.00	102.00	102.00	102.00
1.3	补贴收入		100.00					
1.4	回收固定资产余值							381.60
1.5	回收流动资金							200.00

续上表

序号	项 目	建设期	运营期					
		第1年	第2年	第3年	第4年	第5年	第6年	第7年
2	现金流出	1000.00	561.40	425.90	474.92	519.30	481.80	481.80
2.1	建设投资	1000.00						
2.2	流动资金投资		200.00					
2.3	经营成本(不含进项税额)		264.00	330.00	330.00	330.00	330.00	330.00
2.4	进项税额		40.00	50.00	50.00	50.00	50.00	50.00
2.5	应纳增值税		0.00	0.00	45.60	52.00	52.00	52.00
2.6	增值税附加				4.56	5.20	5.20	5.20
2.7	维持运营投资					50.00		
2.8	调整所得税		57.40	45.90	44.76	32.10	44.60	44.60
3	所得税后净现金流量	-1000.00	100.20	276.10	227.08	182.70	220.20	801.80
4	累计税后净现金流量	-1000.00	-899.80	-623.70	-396.62	-213.92	6.28	808.08
5	基准收益率10%	0.9091	0.8264	0.7513	0.6830	0.6209	0.5645	0.5132
6	折现后净现金流量	-909.10	82.81	207.43	155.10	113.44	124.30	411.48
7	累计折现净现金流量	-909.10	-826.29	-618.86	-463.77	-350.33	-226.02	185.46

问题2:

(1)计算项目的静态投资回收期

静态投资回收期:

(累计净现金流量出现正值的年份 -1) $+ \dfrac{\text{上一年累计净现金流量的绝对值}}{\text{出现正值年份的净现金流量}}$ $= (6-1) +$ $213.3/220.2 = 5.97$(年)。

项目静态投资回收期为5.97年。

(2)计算项目财务净现值

项目财务净现值是把项目计算期内各年的净现金流量,按照基准收益率折算到建设期初的现值之和,也就是计算期末累计折现净现金流量,结果为185.46万元,见表1-5-1。

(3)计算项目的财务内部收益率

编制项目财务内部收益率试算表,见表1-5-2。

项目财务内部收益率试算表(单位:万元)　　　　表1-5-2

序号	项 目	建设期	运营期					
		第1年	第2年	第3年	第4年	第5年	第6年	第7年
1	现金流入	0.00	661.60	702.00	702.00	702.00	702.00	1283.60
2	现金流出	1000.00	561.40	425.90	474.92	519.30	481.80	481.80
3	净现金流量	-1000.00	100.20	276.10	227.08	182.70	220.20	801.80
4	折现系数 $i_1 = 15\%$	0.8696	0.7561	0.6575	0.5718	0.4972	0.4323	0.3759
5	折现后净现金流量	-869.60	75.76	181.54	129.84	90.84	95.19	301.40

续上表

序号	项 目	建设期	运 营 期					
		第1年	第2年	第3年	第4年	第5年	第6年	第7年
6	累计折现净现金流量	-869.60	-793.84	-612.30	-482.46	-391.62	-296.42	4.97
7	折现系数 $i_2 = 17\%$	0.8547	0.7305	0.6244	0.5337	0.4561	0.3898	0.3332
8	折现后净现金流量	-854.70	73.20	172.40	121.19	83.33	85.83	267.16
9	累计折现净现金流量	-854.70	-781.50	-609.11	-487.91	-404.58	-318.75	-51.59

首先确定 $i_1 = 15\%$，以 i_1 作为设定的折现率，计算出各年的折现系数。利用财务内部收益率试算表，计算出各年的折现净现金流量和累计折现净现金流量，从而得到财务净现值 $FNPV_1 = 4.97$（万元），见表 1-5-2。

再设定 $i_2 = 17\%$，以 i_2 作为设定的折现率，计算出各年的折现系数。同样，利用财务内部收益率试算表，计算各年的折现净现金流量和累计折现净现金流量，从而得到财务净现值 $FNPV_2 = -51.59$（万元），见表 1-5-2。

试算结果满足 $FNPV_1 \geq 0$、$FNPV_2 \leq 0$，且满足精度要求，可采用插值法计算出拟建项目的财务内部收益率 $FIRR$。

由表 1-5-2 可知：
$i_1 = 15\%$ 时，$FNPV_1 = 4.97$（万元）；
$i_2 = 17\%$ 时，$FNPV_2 = -51.59$（万元）。

用插值法计算拟建项目的内部收益率 $FIRR$，即：

$$FIRR = i_1 + (i_2 - i_1) \times \frac{FNPV_1}{|FNPV_1| + |FNPV_2|}$$

$$= 15\% + (17\% - 15\%) \times \frac{4.97}{4.97 + |-51.59|}$$

$$= 15\% + 0.18\% = 15.18\%$$

问题3：

评价项目的财务可行性。

本项目的静态投资回收期为 5.97 年，小于基准投资回收期 6 年；累计财务净现值为 185.46（万元）≥0；财务内部收益率 $FIRR$ 为 15.18% ≥ 行业基准收益率 10%。所以，从财务角度分析，该项目可行。

问题4：

(1) 编制拟建项目资本金现金流量表

编制资本金现金流量表之前需要计算以下数据，并将计算结果填入表 1-5-3 中。

①项目建设期贷款利息。

项目建设期贷款利息：$400 \times 0.5 \times 10\% = 20$（万元）。

②固定资产年折旧费与固定资产余值。

固定资产年折旧费：$(1000 - 100 + 20) \times (1 - 4\%) \div 10 = 88.32$（万元）；

固定资产余值：年固定资产年折旧费 $\times 4 +$ 残值 $= 88.32 \times 4 + (1000 - 100 + 20) \times$

4% = 390.08(万元)。

③各年应偿还的本金和利息。

项目第 2 年期初累计借款为 420 万元,运营期前 3 年等额还本(年末还本)、利息照付。

运营期第 2~4 年等额偿还的本金:第 2 年年初累计借款÷还款期 = 420÷3 = 140(万元)。

运营期第 2~4 年应偿还的利息:

第 2 年:420×10% = 42.00(万元);

第 3 年:(420 - 140)×10% = 28.00(万元);

第 4 年:(420 - 140 - 140)×10% = 14.00(万元)。

④计算所得税。

第 2 年的所得税:[(702 - 102)×80% - (380 - 50)×80% - 88.32 - 42 + 100]×25% = 46.42(万元);

第 3 年的所得税:(600 - 330 - 88.32 - 28)×25% = 38.42(万元);

第 4 年的所得税:(600 - 330 - 88.32 - 14 - 4.56)×25% = 40.78(万元);

第 5 年的所得税:(600 - 330 - 88.32 - 50 - 5.2)×25% = 31.62(万元);

第 6 年、第 7 年的所得税:(600 - 330 - 88.32 - 5.2)×25% = 44.12(万元)。

项目资本金现金流量表(单位:万元) 表 1-5-3

序号	项目	建设期	运营期					
		第 1 年	第 2 年	第 3 年	第 4 年	第 5 年	第 6 年	第 7 年
1	现金流入	0.00	661.60	702.00	702.00	702.00	702.00	1292.08
1.1	营业收入(不含销项税额)		480.00	600.00	600.00	600.00	600.00	600.00
1.2	销项税额		81.60	102.00	102.00	102.00	102.00	102.00
1.3	补贴收入		100.00					
1.4	回收固定资产余值							390.08
1.5	回收流动资金							200.00
2	现金流出	600.00	732.42	586.42	624.94	518.82	481.32	481.32
2.1	项目资本金	600.00						
2.2	借款本金偿还		140.00	140.00	140.00			
2.3	借款利息支付		42.00	28.00	14.00			
2.4	流动资金投资		200.00					
2.5	经营成本(不含进项税额)		264.00	330.00	330.00	330.00	330.00	330.00
2.6	进项税额		40.00	50.00	50.00	50.00	50.00	50.00
2.7	应纳增值税		0.00	0.00	45.60	52.00	52.00	52.00
2.8	增值税附加		0.00	0.00	4.56	5.20	5.20	5.20
2.9	维持运营投资					50.00		
2.10	所得税		46.42	38.42	40.78	31.62	44.12	44.12
3	所得税后净现金流量	-600.00	-70.82	115.58	77.06	183.18	220.68	810.76
4	累计税后净现金流量	-600.00	-670.82	-555.24	-478.18	-295.00	-74.32	736.44

续上表

序号	项　目	建设期	运　营　期					
		第1年	第2年	第3年	第4年	第5年	第6年	第7年
5	基准收益率10%	0.9091	0.8264	0.7513	0.6830	0.6209	0.5645	0.5132
6	折现后净现金流量	-545.46	-58.53	86.84	52.63	113.74	124.57	416.08
7	累计折现净现金流量	-545.46	-603.99	-517.15	-464.52	-350.78	-226.21	189.87

（2）计算项目的资本金财务内部收益率

编制项目资本金财务内部收益率试算表，见表1-5-4。

项目资本金财务内部收益率试算表（单位：万元）　　　　表1-5-4

序号	项　目	建设期	运　营　期					
		第1年	第2年	第3年	第4年	第5年	第6年	第7年
1	现金流入	0.00	661.60	702.00	702.00	702.00	702.00	1292.08
2	现金流出	600.00	732.42	586.42	624.94	518.82	481.32	481.32
3	净现金流量	-600.00	-70.82	115.58	77.06	183.18	220.68	810.76
4	折现系数 $i_1=15\%$	0.8696	0.7561	0.6575	0.5718	0.4972	0.4323	0.3759
5	折现后净现金流量	-521.76	-53.55	75.99	44.06	91.08	95.40	304.76
6	累计折现净现金流量	-521.76	-575.31	-499.31	-455.25	-364.17	-268.77	35.99
7	折现系数 $i_2=17\%$	0.8547	0.7305	0.6244	0.5337	0.4561	0.3898	0.3332
8	折现后净现金流量	-512.82	-51.73	72.17	41.13	83.55	86.02	270.15
9	累计折现净现金流量	-512.82	-564.55	-492.39	-451.26	-367.71	-281.69	-11.54

由表1-5-4可知：

$i_1=15\%$ 时，$FNPV_1=35.99$（万元）。

$i_2=17\%$ 时，$FNPV_2=-11.54$（万元）。

用插值法计算拟建项目的内部收益率$FIRR$，即：

$$FIRR = i_1 + (i_2 - i_1) \times \frac{FNPV_1}{|FNPV_1| + |FNPV_2|}$$

$$= 15\% + (17\% - 15\%) \times \frac{35.99}{35.99 + |-11.54|}$$

$$= 15\% + 1.51\% = 16.51\%$$

（3）评价项目资本金的盈利能力和融资方案下的财务可行性

该项目的资本金财务内部收益率为16.51%，大于企业投资者期望的最低可接受收益率15%，说明项目资本金的获利水平超过了要求。从项目权益投资者整体角度看，在该融资方案下项目的财务效益是可以接受的。

案例1-6

某地拟建设一条快速公路工程，与项目相关的信息如下：

1. 根据项目的设计方案,该项目投资估算静态投资为200000万元,建设期2年,物价波动不计,固定资产投资额全部形成固定资产,运营期20年。

2. 该项目拟采用PPP(公私合营)模式投资建设,政府与社会资本出资人合作成立了项目公司。项目资本金为静态投资的20%,其中,社会资本出资人出资90%,占项目公司股权90%;政府出资10%,占项目公司股权10%。政府不承担项目公司亏损,不参与项目公司利润分配。

3. 除项目资本金外的项目建设投资由项目公司贷款,贷款年利率为6%(按年计息),贷款合同约定的还款方式为项目投入使用后10年内等额还本付息。项目资本金和贷款均在建设期内均衡投入。

4. 该项目运营期,前10年年均经营成本5000万元,后10年年均经营成本8000万元,包括项目公司经营、项目维护和修理费用。公路两侧的广告收益权归项目公司所有,预计广告业务收入每年为500万元。

5. 固定资产采用直线法折旧;项目公司适用的企业所得税税率为25%;为简化计算不考虑销售环节相关税费。

6. PPP项目合同约定,项目运营期连续20年内,在达到项目运营绩效的前提下,政府每年给项目公司等额支付一定的资金额作为项目公司的投资回报,项目通车20年后,项目公司需将该公路无偿移交给政府。

问题:

1. 列式计算项目建设期贷款利息和固定资产投资额。
2. 列式计算项目运营期第1年项目公司应偿还银行的本金和利息。
3. 列式计算项目运营期第1年的总成本费用。
4. 项目运营期第1年,政府给予项目公司的款项至少达到多少万元时,项目公司才能除广告收益外不依赖其他资金来源,仍满足项目运营和还款要求?
5. 若社会资本出资人对社会资本的资本金净利润率的要求为:以运营期第1年的数据计算不低于5%,且以贷款偿还完成后的正常年份的数据计算不低于12%,则社会资本出资人能接受的政府各年应支付给项目公司的资金额最少应为多少万元?

计算结果保留两位小数。

分析要点:

本案例结合典型PPP项目考核建设项目财务评价基础知识。PPP项目较传统的造价咨询项目而言更加重视、聚焦建设项目前期投资分析,通过本案例可使考生了解PPP项目实施方案的设计、物有所值评估、财政承受能力论证等工作都离不开基础的建设项目财务评价知识,造价工程师应当掌握这些知识,具备开展PPP项目财务与经济评价的能力。

根据项目建设方案、贷款方案、组织模式等,科学估算拟建PPP项目的固定资产投资额、建设运营期各年贷款偿还本息额、运营后的收益和成本,是政府与社会资本出资人确定项目运营周期、各自投资额和合理回报的基础。

就本题而言,首先需要根据项目组织模式,判定项目公司的贷款金额,在计算建设期贷款利息后与投资估算静态投资汇总得到固定资产投资额。有了固定资产投资额,就计算项目年折旧额。此时需要注意的是,因为项目运营20年后,项目公司需将该道路无偿移交给政府,因此站在项目公司的视角,该项目固定资产使用年限20年,残值为零。

项目运营期第1年的总成本费用等于项目运营期第1年经营成本、折旧额和利息支出之和。项目贷款偿还完成后的正常年份的总成本费用等于经营成本加折旧额。

项目运营期第1年的总收入包括广告收益和政府付款,项目运营期第1年的总收入减去总成本费用等于项目投入使用第1年的税前利润,税前利润减去应缴纳的所得税等于税后利润。就本案例问题4而言,只要项目运营期第1年的税后利润大于或等于项目运营期第1年应偿还本金(不含利息)减去第一年回收折旧额,即可满足项目运营和还款要求。

资本金净利润率=项目达产年税后净利润/资本金×100%。本案例问题5设置了社会资本出资人对社会资本的资本金净利润率的两个要求:①以运营期第1年的数据计算不低于5%,②以贷款偿还完成后的正常年份的数据计算不低于12%。通过案例的测算,希望造价工程师理解,并非运营期第1年的资本金净利润率期望(5%)小于贷款偿还完成后的年资本金净利润率期望(12%),运营期第1年社会资本出资人所需要的政府补贴就小于贷款偿还完成后所需要的年补贴金额,谈判时需要科学测算后才可做出准确的判定。

参考答案:

问题1:

每年贷款金额:$200000 \div 2 \times (1-20\%) = 80000$(万元)。

第1年贷款利息为:$80000 \times 50\% \times 6\% = 2400$(万元)。

第2年贷款利息为:$(80000 + 2400 + 80000 \times 50\%) \times 6\% = 7344$(万元)。

建设期贷款利息为:$2400 + 7344 = 9744$(万元)。

项目固定资产投资为:$200000 + 9744 = 209744$(万元)。

问题2:

运营期第1年应偿还的本息为:

$A = (80000 \times 2 + 9744) \times (A/P, 6\%, 10)$

$= (80000 \times 2 + 9744) \times 6\% \times (1+6\%)^{10} / [(1+6\%)^{10} - 1]$

$= 169744 \times 0.1359 = 23068.21$(万元);

其中利息为:$(80000 \times 2 + 9744) \times 6\% = 10184.64$(万元);

本金为:$23068.21 - 10184.64 = 12883.57$(万元)。

问题3:

就项目公司而言,该公路固定资产使用年限为20年,残值为0。

故,

年折旧为:$209744 \div 20 = 10487.20$(万元)。

运营期第1年的总成本费用为:$5000 + 10487.20 + 10184.64 = 25671.84$(万元)。

问题4:

第1年需偿还本金的资金来源为折旧回收额和税后利润。

折旧回收金额 − 应偿还本金 = 10487.20 − 12883.57 = −2396.37(万元)，

故，

项目第 1 年税后利润至少需达到 2396.37(万元)；

税前利润需达到：2396.37 ÷ (1 − 25%) = 3195.16(万元)；

第 1 年政府应支付的款项至少应为：25671.84 + 3195.16 − 500 = 28367(万元)。

或：

运营期第 1 年项目现金流出 = 本金偿还 + 应付利息 + 经营成本 + 所得税 = 12883.57 + 10184.64 + 5000 + 3195.16 × 25% = 28867(万元)。

项目现金流入 = 广告费收入 + 政府付费收入，应能够满足现金流出的需要。

故，

第 1 年政府应支付的款项 = 现金流出 − 广告费收入 = 28867 − 500 = 28367(万元)。

问题 5：

设政府支付给项目公司款项为 X。

以通车第 1 年数据计算资本金净利润率，则：

$$\frac{(X + 500 - 5000 - 10487.20 - 10184.64) \times (1 - 25\%)}{200000 \times 0.2 \times 0.9} = 5\%$$

解得：X = 27571.84(万元)。

以贷款偿还完成后正常年份数据计算资本金净利润率，则：

$$\frac{(X + 500 - 8000 - 10487.20) \times 0.75}{200000 \times 0.2 \times 0.9} = 12\%$$

解得：X = 23747.2(万元)。

因 27571.84 > 23747.2，故社会资本投资人能接受的政府支付给项目公司最少资金为 27571.84 万元。

案例 1-7

某承包商于 2018 年 12 月与某业主签订了某公路工程施工合同。合同约定不含税造价为 10000 万元，增值税(销项税)税率按 9% 计取。施工期间发生的合同内工程费用支出及票据情况如表 1-7-1 所示。

施工期间还增加变更工程款 300 万元(含税)，实际费用支出(不含税)260 万元，进项税额 20 万元(其中：普通发票 5 万元，专用发票 15 万元)。

合同内工程费用支出及增值税专用发票情况汇总表 金额(单位：万元)　　表 1-7-1

序号	费用支出项目	不含税金额	计税方法	发票类型	税率(%)	进项税额
1	商品水泥混凝土	1400	简易	专用发票	3	
2	钢材类	1500	一般	专用发票	13	
3	燃油类	500	一般	专用发票	13	
4	沥青类	800	一般	专用发票	13	

续上表

序号	费用支出项目	不含税金额	计税方法	发票类型	税率(%)	进项税额
5	砂石类	1600	简易	专用发票	3	
6	其他材料	400	一般	专用发票	13	
7	运杂费	200	一般	专用发票	9	
8	劳务分包	1000	简易	专用发票	3	
9	机械租赁	1000	简易	专用发票	3	
10	管理费用	600	一般	普通发票	3/6/13	30
11	规费	300	免税	收据	—	
12	其他支出	200	简易/一般	普通发票	3/6	3
				专用发票	3/6/10/13	6
13	合计	9500				

注：管理费用包括按政策规定必须缴纳的社会保障费及职工意外伤害保险费等。

✍ 问题：

1. 合同内工程应计增值税额为多少万元？含税总造价为多少万元？
2. 对于合同内工程，根据实际发生情况，计算各进项税。可用于抵扣销项税额的进项税额为多少万元？不可用于抵扣销项税额的进项税额为多少万元？
3. 合同外工程销项税额为多少万元？
4. 承包商总计应向税务部门缴纳增值税额为多少万元？
5. 承包商的总成本(不含税金)为多少万元？含税总产值与不含税总产值分别为多少万元？净利润为多少万元？成本利润率为多少？

✍ 分析要点：

要正确掌握增值税知识及其管理方法，需搞清楚如下几个问题：

(1)纳税人身份。分为一般纳税人和小规模纳税人。一般纳税人标准为年应征增值税销售额500万元以上，小规模纳税人标准为年应征增值税销售额在500万元及以下。

(2)计税方法。分为简易计税方法和一般计税方法。

在建筑业，下列情况应采取简易计税方法：

①小规模纳税人；

②一般纳税人实行清包工(工程材料全部由甲方提供，或主要材料由甲方提供，乙方仅自购辅助材料)的劳务分包工程；

③一般纳税人为老项目(合同注明在2016年4月30日以前开工)提供建筑服务的工程；

④一般纳税人销售自产的部分材料等(需查阅相关规定)。

除上述几种情况外，应采取一般计税方法计算增值税。

(3)免征增值税政策。国家对于销售利用工业废渣、废料自产的某些材料(货物)实行免征增值税政策(需查阅相关规定)。

(4)增值税征收税率。根据纳税人身份、计税方法和应征收税额项目不同，采取不同的增值税率或征收率。对于建筑施工承包服务来讲,采取简易计税方法增值税征收税率大多为3%(也有5%的情况),采取一般计税方法增值税率一般为9%。对于现行五险一金,政策规定必须缴纳的部分免征增值税;管理费需根据不同进项内容,增值税率不同。

(5)增值税发票。分为专用发票和普通发票。对于税务政策规定,能够用于抵扣销项税额的进项费用支出,宜尽量索要专用发票;不能抵扣销项税额的进项费用支出,可以索要普通发票。对于有些进项费用支出,虽取得增值税专用发票,但税务政策规定也不可用于抵扣销项税额(如材料购买引起非正常损失的责任方是承包商,则业主方不会额外追加工程款)。

(6)增值税应缴纳税额计算:

① 简易计税方法:

$$应缴纳税额 = 不含税销售额 \times 税率$$

② 一般计税方法。

a. 无可抵扣进项税额时,则:

$$应纳税额 = 不含税销售额 \times 税率$$

b. 有可抵扣进项税额时,则:

应纳税额 = 销项税额 − 进项税额
　　　　= 不含税销售额×税率 − 可抵扣进项费用×税率 − 可抵扣设备投资×税率
　　　　= 含税销售额×税率/(1+税率) − 可抵扣进项费用×税率 − 可抵扣设备投资×税率

(7)总成本。价格(价值)原理的基本表达式为:

$$价格(价值) = 成本 + 利润 + 税金$$

这三部分是相互独立的。但是,从实施"营改增"之后,财务会计领域都是把普通发票进项税额和不可抵扣专用发票进项税额合并到成本之中。本案例遵从了这一做法。

参考答案:

问题1:

(1)应计增值税:不含税造价×税率 = 10000×9% = 900(万元)。

(2)含税总造价:不含税造价 + 应计增值税 = 10000 + 900 = 10900(万元)。

问题2:

(1)各进项税计算,见表1-7-2。

表1-7-2

序号	费用支出项目	不含税金额	计税方法	发票类型	税率(%)	进项税额
1	商品水泥混凝土	1400	简易	专用发票	3	42.00
2	钢材类	1500	一般	专用发票	13	195.00
3	燃油类	500	一般	专用发票	13	65.00
4	沥青类	800	一般	专用发票	13	104.00
5	砂石类	1600	简易	专用发票	3	48.00
6	其他材料	400	一般	专用发票	13	52.00
7	运杂费	200	一般	专用发票	9	18.00

续上表

序号	费用支出项目	不含税金额	计税方法	发票类型	税率(%)	进项税额
8	劳务分包	1000	简易	专用发票	3	30.00
9	机械租赁	1000	简易	专用发票	3	30.00
10	管理费用	600	一般	普通发票	3/6/13	30
11	规费	300	免税	收据	—	0
12	其他支出	200	简易/一般	普通发票	3/6	3
12				专用发票	3/6/10/13	6
13	合计	9500				623

(2)可抵扣进项税额:可抵扣专用发票进项税额之和 = 623 - 30 - 3 = 590(万元)。

(3)不可抵扣进项税额:普通发票进项税额与不可抵扣专用发票进项税额之和 = 30 + 3 = 33(万元)。

问题3:

合同外工程销项税额:含税造价/(1 + 税率) × 税率 = 300/(1 + 9%) × 9% = 24.77(万元)。

问题4:

应缴纳增值税额:总销项税额 - 总可抵扣进项税额 = (900 + 24.77) - (590 + 15) = 319.77(万元)。

问题5:

(1)总成本:不含税费用支出与普通发票及不可抵扣专用发票进项税额之和 = (9500 + 33) + (260 + 5) = 9798(万元)。

(2)含税总产值:合同内外工程含税造价之和 = 10900 + 300 = 11200(万元)。

(3)不含税总产值:合同内外工程不含税造价之和 = 10000 + 300/(1 + 9%) = 10275.23(万元)。

(4)净利润:不含税总产值 - 总成本 = 10275.23 - 9798 = 477.23(万元)。

(5)成本利润率:净利润/总成本费用 × 100% = 477.23/9798 × 100% = 4.87%。

案例1-8

某新建项目生产一种产品,根据市场预测估计每件售价为500元,已知该产品单位可变成本为400元,固定成本为150万元。

问题:

试求该项目的盈亏平衡产量。

分析要点:

本案例主要考核盈亏平衡点的概念及确定的方法。在分析时,应注意在盈亏平衡点处,项

目处于不亏不盈的状态,即项目的收益与成本相等,可用下式表示:
$$TR = TC$$
$$TR = (单位产品价格 - 单位产品销售税金及附加) \times 产量$$
$$TC = 固定成本 + 可变成本 = 固定成本 + 单位产品可变成本 \times 产量$$

式中:TR——项目的总收益;

TC——项目的总成本。

参考答案:

根据收益、成本与产量的关系可知:

$TR = 单价 \times 产量 = P \times Q = 500Q$。

$TC = 固定成本 + 可变成本 = 1500000 + 400Q$。

设该项目的盈亏平衡产量为 Q^*,则当产量为 Q^* 时,应有:$TR = TC$。

即:$500Q^* = 1500000 + 400Q^*$。

解得:$Q^* = 15000(件)$。

即该项目的盈亏平衡产量为 15000 件。

案例1-9

某建筑工地需抽除积水以保证施工顺利进行,现有两个方案可供选择:

方案A:新建一条动力线,需购置一台2.5kW电动抽水机并线运行,其投资为1400元,第4年末设备残值为200元。电动机每小时运行成本为0.84元,每年预计维修费为120元,因设备完全自动化不需要专人管理。

方案B:购置一台3.68kW柴油抽水机,其购置费为550元,使用寿命为4年,设备无残值。柴油机运行每小时燃料费为0.42元,平均每小时维护费为0.15元,每小时的人工成本为0.8元。

问题:

若寿命均为4年,基准折现率为10%,试比较两个方案的优劣。

分析要点:

本案例主要考核盈亏平衡分析的应用。盈亏平衡分析是在对项目进行不确定性分析时常采用的一种方法。通过盈亏平衡分析,能够预先估计项目对市场变化情况的适应能力,有助于了解项目可承受的风险程度,还可以对决策者确定项目的合理经济规模及对项目工艺技术方案的投资决策起到一定的参考与帮助作用。

参考答案:

两方案的总费用均与年开机时间 t 有关,故两方案的年成本均可表示为 t 的函数。

$C_A = 1400 \times (A/P, 10\%, 4) - 200 \times (A/F, 10\%, 4) + 120 + 0.84t = 518.56 + 0.84t$。

$C_B = 550 \times (A/P, 10\%, 4) + (0.42 + 0.15 + 0.8)t = 173.53 + 1.37t$。

令 $C_A = C_B$，即：$518.56 + 0.84t = 173.53 + 1.37t$。

可得出：$t = 651(h)$。

A、B 两个方案的年成本函数曲线如图 1-9-1 所示。

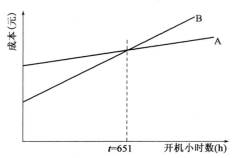

图 1-9-1　A 方案、B 方案年成本函数曲线

从图中可以看出，当年开机小时数少于 651h 时，选 B 方案有利；当年开机小时数多于 651h 时，选 A 方案有利。

第二章 交通运输工程设计、施工方案技术经济分析

本章基本知识点

1. 项目全寿命周期内成本分析、方案比选。
2. 项目设计方案的评价方法和准则。
3. 工程设计、施工方案的优化与选择。
4. 价值工程在工程方案评价中的应用。
5. 工期与成本的关系优化考核。
6. 工程网络图的参数计算及网络图的运用。

案例 2-1

某地拟建一条高速公路,根据交通量需要和全寿命周期成本控制的要求,设计单位提出了 A(沥青混凝土路面)、B(水泥混凝土路面)两个方案。该高速公路面层数量为 710850m^2、基层数量为 771780m^2、垫层数量为 832710m^2。为对两个方案进行深入比选,设计单位进行了认真的调查研究和分析,有关情况如下:

1. 公路通车年建设成本:沥青混凝土面层 120 元/m^2、水泥混凝土面层 85 元/m^2、路面基层 45 元/m^2、路面垫层 28 元/m^2,公路使用寿命为 100 年,预计沥青混凝土路面每 15 年大修一次,水泥混凝土路面每 10 年大修一次,大修费用按重新铺筑面层计算。
2. 旧路面挖除费用:方案 A 为 4.5 元/m^2,方案 B 为 8.0 元/m^2。
3. 假定社会成本:方案 A 为 500000 元/年,方案 B 为 1000000 元/年。
4. 每次大修时,将增加有关社会和经济成本:预计将减少收费收入 100 万元,增加燃油损耗、时间损失等社会成本 200 万元。

问题:

假设两个方案运营养护管理成本相等,社会折现率取 5%,请从全寿命周期成本的角度,选择经济合理的方案。

分析要点：

本案例主要考查项目全寿命周期内设计方案的合理性。除涉及工程的建设成本外,还考虑社会成本及经济成本。

本案例解答时,一定要看清题目,把建设成本、大修成本和社会成本的计算综合考虑进去。同时,计算中考虑到需要折现计算,因此,对资金时间价值的计算步骤和折现点要统一。

参考答案：

(1) 建设成本的计算

方案 A：$120 \times 710850 + 45 \times 771780 + 28 \times 832710 = 143347980$（元）。

方案 B：$85 \times 710850 + 45 \times 771780 + 28 \times 832710 = 118468230$（元）。

(2) 大修成本的计算

方案 A：$(120 \times 710850 + 4.5 \times 710850 + 1000000 + 2000000) \times (1+5\%)^{-15} \times [1-(1+5\%)^{-90}] \div [1-(1+5\%)^{-15}] = 91500825 \times 0.9154 = 83759855$（元）。

方案 B：$(85 \times 710850 + 8 \times 710850 + 1000000 + 2000000) \times (1+5\%)^{-10} \times [1-(1+5\%)^{-90}] \div [1-(1+5\%)^{-10}] = 69109050 \times 1.5704 = 108528852$（元）。

(3) 社会成本的计算

方案 A：$500000 \times (P/A, 5\%, 100) = 500000 \times [(1+5\%)^{100} - 1] \div [5\% \times (1+5\%)^{100}] = 500000 \times 19.8479 = 9923950$（元）。

方案 B：$100000 \times (P/A, 5\%, 100) = 100000 \times [(1+5\%)^{100} - 1] \div [5\% \times (1+5\%)^{100}] = 1000000 \times 19.8479 = 19847900$（元）。

(4) 确定项目全寿命周期成本

方案 A：$143347980 + 83759855 + 9923950 = 237031785$（元）。

方案 B：$118468230 + 108528852 + 19847900 = 246844982$（元）。

(5) 确定合理方案

由于 237031785（元）< 246844982（元），因此方案 A 比方案 B 经济,即应选择沥青混凝土路面设计方案。

案例2-2

某城市道路,原通行车速30km/h,拟修建一条快速干线,车速提高到80km/h,正在考虑两个备选路线方案——沿河路线与穿山路线。日平均车流量均为 6000 辆,寿命均为 30 年,无残值,基准收益率为 12%,其他数据见下表。

表 2-2-1

指　　标	沿 河 路 线	穿 山 路 线
全长(km)	20	15
初期投资(万元)	100000	105000

续上表

指　标	沿河路线	穿山路线
年维护运行费[万元/(km·年)]	2.0	2.5
大修(每10年一次)(万元/10年)	5000	3500
运输费用节约[元/(km·辆)]	0.98	1.13
时间费用节约[元/(h·辆)]	2.6	2.6

问题：

试用全寿命周期费用分析 CE 法，比较两条路线的优劣，并做出方案选择（计算结果保留两位小数）。

分析要点：

本案例主要考查运用寿命周期理论，即"费用效率高者优"的方法进行方案比选。

依次分别求出两个方案的系统效率、寿命周期费用和费用效率，然后根据"费用效率高者优"的思路进行方案选择。本题难点在于系统效率项目的识别、资金时间价值的计算。

参考答案：

(1) 计算沿河路线方案的费用效率(CE)

① 求系统效率(SE)：

时间费用节约 $= 6000 \times 365 \times (20 \div 30 - 20 \div 80) \times 2.6 \div 10000 = 237.25$（万元/年）。

运输费用节约 $= 6000 \times 365 \times 20 \times 0.98 \div 10000 = 4292.4$（万元/年）。

则：$SE = 237.25 + 4292.4 = 4529.65$（万元/年）。

② 求寿命周期费用(LCC)，包括设置费(IC)和维持费(SC)：

$IC = 100000 \times (A/P, 12\%, 30) = 100000 \times 12\% (1+12\%)^{30} / [(1+12\%)^{30} - 1]$

$\quad = 100000 \times 0.1241$

$\quad = 12410$（万元/年）。

$SC = 2 \times 20 + [5000(P/F, 12\%, 10) + 5000(P/F, 12\%, 20)] \times (A/P, 12\%, 30)$

$\quad = 40 + [5000 \times (1+12\%)^{-10} + 5000 \times (1+12\%)^{-20}] \times 0.1241$

$\quad = 40 + [5000 \times 0.3220 + 5000 \times 0.1037] \times 0.1241$

$\quad = 304.15$（万元/年）。

则：$LCC = IC + SC = 12410 + 304.15 = 12714.15$（万元/年）。

③ 求费用效率(CE)：$CE = SE \div LCC = 4529.65 \div 12714.15 = 0.356$。

(2) 计算穿山路线方案的费用效率(CE)

① 求系统效率(SE)：

时间费用节约 $= 6000 \times 365 \times (15 \div 30 - 15 \div 80) \times 2.6 \div 10000 = 177.94$（万元/年）。

运输费用节约 $= 6000 \times 365 \times 15 \times 1.13 \div 10000 = 3712.05$（万元/年）。

则：$SE = 177.94 + 3712.05 = 3889.99$（万元/年）。

②求寿命周期费用（LCC），包括设置费（IC）和维持费（SC）：

$$IC = 105000 \times (A/P, 12\%, 30)$$
$$= 105000 \times 12\%(1+12\%)^{30}/[(1+12\%)^{30}-1]$$
$$= 105000 \times 0.1241$$
$$= 13030.5（万元/年）。$$

$$SC = 2.5 \times 15 + [3500(P/F,12\%,10) + 3500(P/F,12\%,20)] \times (A/P,12\%,30)$$
$$= 37.5 + [3500 \times (1+12\%)^{-10} + 3500 \times (1+12\%)^{-20}] \times 0.1241$$
$$= 37.5 + [3500 \times 0.3220 + 3500 \times 0.1037] \times 0.1241$$
$$= 222.4（万元/年）。$$

则：$LCC = IC + SC = 13030.5 + 222.4 = 13252.9（万元/年）$。

③求费用效率（CE）：$CE = SE/LCC = 3889.99 \div 13252.9 = 0.294$。

（3）方案选择

因为沿河路线方案的费用效率大于穿山路线方案的费用效率，所以应选择沿河路线方案。

案例2-3

某公路设计有 A、B 两个方案，两条路线的交通量预测结果均为日平均流量 5000 辆。假设该公路运营年限为 20 年，残值为 0，其间不进行大修，基准收益率 10%，其他数据见下表。

表2-3-1

项　　目	方　案　A	方　案　B
里程（km）	20	15
初期建设投资（万元）	50000	60000
年维护运行费［万元/（km·年）］	8	9
运输时间费用节约［元/（d·辆）］	2.5	3.0

问题：

请从项目全寿命周期的角度比较两个方案的优劣（计算结果均取 1 位小数）。

分析要点：

本案例主要考查项目在全寿命周期的成本计算，核心还是资金时间价值的计算。

本案例是将两方案的建设成本和效益分清后考虑资金的时间价值进行对比。究竟采用折现到现值、终值或年值哪一个进行比选，应以题目中已知条件最方便计算为宜。

参考答案：

（1）按现值法计算

①计算项目寿命周期成本，包括初期建设成本、运营期维护运行和养护费用。

方案 A 初期建设成本：50000（万元）；

方案A年维护运行费：$8 \times 20 = 160$（万元/年）；

方案A维护运行费现值：$160 \times (P/A,10\%,20) = 1362.2$（万元）；

方案A寿命周期成本现值：$50000 + 1362.2 = 51362.2$（万元）。

方案B初期建设成本：60000（万元）；

方案B年维护运行费：$9 \times 15 = 135$（万元/年）；

方案B维护运行费现值：$135 \times (P/A,10\%,20) = 1149.3$（万元）；

方案B寿命周期成本现值：$60000 + 1149.3 = 61149.3$（万元）。

②计算各方案效益（即运输时间节约费用）。

方案A年运输时间节约费用：$365 \times 5000 \times 2.5 \div 10000 = 456.3$（万元/年）；

方案A效益费用现值：$456.25 \times (P/A,10\%,20) = 3884.7$（万元）。

方案B年运输时间节约费用：$365 \times 5000 \times 3 \div 10000 = 547.5$（万元/年）；

方案B效益费用现值：$547.5 \times (P/A,10\%,20) = 4661.2$（万元）。

③计算两个方案的成本效益合计（成本－效益）。

方案A：$51362.2 - 3884.7 = 47477.5$（万元）。

方案B：$61149.3 - 4661.2 = 56488.1$（万元）。

④确定合理方案。

由于47477.5（万元）＜56488.1（万元），即方案A成本效益合计小于方案B，因此方案A优于方案B。

（2）按终值法计算

①计算项目寿命周期成本终值，包括初期建设成本、运营期维护运行和养护费用。

方案A初期建设成本终值：$50000 \times (1+10\%)^{20} = 336375.0$（万元）；

方案A年维护运行费：$8 \times 20 = 160$（万元/年）；

方案A维护运行费终值：$160 \times (F/A,10\%,20) = 9164.0$（万元）；

方案A寿命周期成本终值：$336375.0 + 9164.0 = 345539.0$（万元）。

方案B初期建设成本终值：$60000 \times (1+10\%)^{20} = 403650.0$（万元）；

方案B年维护运行费：$9 \times 15 = 135$（万元/年）；

方案B维护运行费终值：$135 \times (F/A,10\%,20) = 7732.1$（万元）；

方案B寿命周期成本终值：$403650.0 + 7732.1 = 411382.1$（万元）。

②计算各方案效益（即运输时间节约费用）。

方案A年运输时间节约费用：$365 \times 5000 \times 2.5 \div 10000 = 456.3$（万元/年）；

方案A效益费用终值：$456.3 \times (F/A,10\%,20) = 26134.6$（万元）。

方案B年运输时间节约费用：$365 \times 5000 \times 3 \div 10000 = 547.5$（万元/年）；

方案B效益费用终值：$547.5 \times (F/A,10\%,20) = 31358.1$（万元）。

③计算两个方案的成本效益合计（成本－效益）。

方案A：$345539.0 - 26134.6 = 319404.4$（万元）。

方案B：$411382.1 - 31358.1 = 380024.0$（万元）。

④确定合理方案。

由于319404.4（万元）＜380024.0（万元），即方案A成本效益合计小于方案B，因此方案A

优于方案 B。

（3）按年值法计算

① 计算项目寿命周期成本,包括初期建设成本、运营期维护运行和养护费用。

方案 A 初期建设成本年值:$50000 \times (A/P,10\%,20) = 5873.0$（万元/年）；

方案 A 年维护运行费:$8 \times 20 = 160.0$（万元/年）；

方案 A 寿命周期年成本:$5873.0 + 160.0 = 6033.0$（万元/年）。

方案 B 初期建设成本年值:$60000 \times (A/P,10\%,20) = 7047.6$（万元/年）；

方案 B 年维护运行费:$9 \times 15 = 135.0$（万元/年）；

方案 B 寿命周期年成本:$7047.6 + 135.0 = 7182.6$（万元/年）。

② 计算各方案效益(即运输时间节约费用)。

方案 A 年运输时间节约费用:$365 \times 5000 \times 2.5 \div 10000 = 456.3$（万元/年）。

方案 B 年运输时间节约费用:$365 \times 5000 \times 3 \div 10000 = 547.5$（万元/年）。

③ 计算两个方案的成本效益合计(成本 – 效益)。

方案 A:$6033.0 - 456.3 = 5576.7$（万元/年）。

方案 B:$7182.6 - 547.5 = 6635.1$（万元/年）。

④ 确定合理方案。

由于 5576.7（万元/年）< 6635.1（万元/年），即方案 A 成本效益合计小于方案 B，因此方案 A 优于方案 B。

案例 2-4

造价工程师采用价值工程的方法对某桥梁工程的设计方案进行了全面的技术经济评价,取得了良好的社会效益和经济效益。经有关专家对 5 个设计方案进行技术经济分析和论证,得出相关资料见表 2-4-1、表 2-4-2。

功能重要性评分表　　　　　　　　　表 2-4-1

方案功能	F_1	F_2	F_3	F_4	F_5
F_1	×	0	2	1	2
F_2	4	×	1	0	2
F_3	2	3	×	2	2
F_4	3	4	2	×	1
F_5	2	2	2	3	×

方案功能得分及平方米造价　　　　　　表 2-4-2

方案功能	方案功能得分				
	A	B	C	D	E
F_1	9	10	9	8	7
F_2	10	9	10	9	8

续上表

方案功能	方案功能得分				
	A	B	C	D	E
F_3	9	8	7	8	10
F_4	7	9	8	7	6
F_5	8	7	8	10	9
造价(元/m²)	3200	3100	3000	2900	2800

问题：

1. 计算功能重要性系数。
2. 计算功能系数、成本系数、价值系数，选择最优设计方案。
3. 在对施工单位提出的施工方案进行技术经济分析时，造价工程师提出将评价指标分为工程成本、工程工期、工程质量和其他四个方面，请将这四个方面的指标进一步细化。

分析要点：

本案例主要考查工程设计阶段设计方案的评价方法与评价准则。根据功能"0~4"评分结果确定功能重要性系数，应列出计算表达式。运用价值工程进行设计方案评价的方法，要求根据方案得分和功能重要性系数确定功能系数，根据单方造价确定成本系数，根据功能系数和成本系数确定价值系数并选择最优设计方案。

参考答案：

问题 1：

计算功能重要性系数见表 2-4-3。

表 2-4-3

方案功能	F_1	F_2	F_3	F_4	F_5	得分	FI_i
F_1	×	0	2	1	2	5	0.125
F_2	4	×	1	0	2	7	0.175
F_3	2	3	×	2	2	9	0.225
F_4	3	4	2	×	1	10	0.25
F_5	2	2	2	3	×	9	0.225
合计						40	1.0

总得分：$5+7+9+10+9=40$。

F_1 功能重要性系数：$FI_1 = (0+2+1+2) \div 40 = 0.125$。其余的功能重要性系数见表 2-4-3。

问题 2：

计算功能系数、成本系数、价值系数，选择最优设计方案如下。

(1) 计算功能系数

方案功能得分见表 2-4-4。

表 2-4-4

方案功能	功能重要性系数 (FI_i)	方案功能得分 A	B	C	D	E	小计
F_1	0.125	9	10	9	8	7	
F_2	0.175	10	9	10	9	8	
F_3	0.225	9	8	7	8	10	
F_4	0.25	7	9	8	7	6	
F_5	0.225	8	7	8	10	9	
方案得分		8.45	8.45	8.25	8.375	8.05	41.575
功能系数计算		0.203	0.203	0.198	0.202	0.194	1.0

方案 A 的功能得分 = $9 \times 0.125 + 10 \times 0.175 + 9 \times 0.225 + 7 \times 0.25 + 8 \times 0.225 = 8.45$。其余方案得分见表 2-4-4。

总得分：$8.45 + 8.45 + 8.25 + 8.375 + 8.05 = 41.575$。

方案 A 的功能系数：$8.45 \div 41.575 = 0.203$。其余方案的功能系数见表 2-4-4。

（2）确定成本系数和价值系数

成本系数和价值系数的计算见表 2-4-5。

表 2-4-5

方案名称	功能系数	单方造价（元/m²）	成本系数	价值系数	最优方案
A	0.203	3200	0.213	0.952	
B	0.203	3100	0.207	0.982	
C	0.198	3000	0.200	0.990	
D	0.202	2900	0.193	1.045	最优
E	0.194	2800	0.187	1.039	
合计	1	15000	1		

方案 A 的成本系数：$3200 \div 15000$（合计成本）$= 0.213$，其余方案见表 2-4-5。

价值系数 = 功能系数 ÷ 成本系数，方案 A 价值系数：$0.203 \div 0.213 = 0.952$，其余方案见表 2-4-5。

从表 2-4-5 中可以看出方案 D 的价值系数最大，因此为最优方案。

问题 3：

工程成本：单位工程量成本、工程成本降低率（成本节约额）、工料节约率（主要材料消耗指标）、劳动生产率（劳动力消耗）、机械利用率。

工程工期：工期、施工均衡性、竣工率。

工程质量：合格品率、优良品率。

其他：施工机械化程度、安全生产、文明施工。

案例 2-5

某桥梁工程上部构造设计为 10-40m 跨径的预应力混凝土 T 形梁,有两种方案可供选择。方案 A 为预制安装 T 形梁,方案 B 为搭支架现浇 T 形梁。已知每片梁需要的混凝土数量为 43m³,每孔由 6 片梁组成。混凝土拌和站安拆及场地处理费用上部结构分摊 200000 元,拌和站的设备摊销及维修费用为 20000 元/月。上部结构 T 形梁施工工期 8 个月(每月按 30 天计算),后期安装及湿接缝需 1 个月。

预制运输安装 T 形梁混凝土的费用为 1100 元/m³(不含底座费用),混凝土运输费用为 20 元/m³,预制场费用 400000 元。每片梁的预制周期为 7 天。每个底座费用 50000 元。

现浇 T 形梁混凝土的费用为 900 元/m³,混凝土运输费用为 25 元/m³,现场搭设支架及地基处理混凝土的费用 400 元/m³。经测算现浇一孔 T 形梁时间为 48 天,支架数量满足两孔同时施工。

问题:

比较 A、B 两个方案,判断哪一个更经济。

分析要点:

本案例主要考查在工期相同情况下,T 形梁采用预制安装和直接现浇两种施工方案的费用比选。

参考答案:

T 形梁数量:10×6=60(片梁)。
T 形梁预制工期:8-1=7(月)。
预制需要的底座个数:60×7÷30÷7=2(个)。
现浇工期计算(按两套支架同时浇 2 孔):48×10÷30÷2=8(月),满足期要求。
方案 A 的施工成本:
200000+20000×8+43×60×(1100+20)+400000+2×50000=3749600(元)。
此时,方案 B 的施工成本:
200000+20000×8+43×60×(900+25+400)=3778500(元)。
由计算结果可知方案 A 比方案 B 经济,即采用预制的施工方案更经济合理。

案例 2-6

某高速公路项目的沥青路面工程,路线长 36km,行车道宽度 22m,沥青混凝土面层厚度 18cm,在距路线起终点各 1/3 处,均有 1 处较平整的场地适宜设置沥青拌和场,上路距离均为 200m,拟采用 30t 自卸汽车运输,根据经验估算每设置 1 处拌和场的费用约为 200 万元。施工单位根据实际情况,提出了设置 1 处和设置 2 处拌和场的两种施工组织方案。

问题：

假设项目施工时，工、料、机价格水平与定额基价一致，各项取费、利润、增值税合计为基价的 25%，请从经济角度出发，对两个方案进行分析，选择较为经济的施工组织方案。

分析要点：

本案例主要考察路面施工方案的经济比选。设置 1 处拌和场时，拌和场建设费用较低，但混合料运距较远；设置 2 处拌和场时，拌和场建设费用较高，但混合料运距缩短，因此要综合比较两者的经济性。

本案例主要涉及的内容包括：路面混合料加权平均运距计算；根据已知条件选择运输定额、并调整；按定额基价加取费计算运输费用并比较。

计算中要注意以下几点：

(1) 全线加权平均运距 = ∑各段平均运距 × 运量的权重。

(2) 自卸汽车运输稳定土混合料、沥青混合料和水泥混凝土定额项目，仅适用于平均运距在 15km 以内的混合料运输，当运距超过第一个定额运距单位时，其运距尾数不足一个增运定额单位的半数时不计，等于或超过半数时按一个增运定额运距单位计算。

(3) 根据题意，沥青混合料运输费用按基价计算，参照《公路工程预算定额》(JTG/T 3832—2018)第 268 页 (2-2-13-11、2-2-13-12)，30t 自卸汽车运输沥青混合料定额，第一个 1km 每 1000m^3 定额基价为 5262 元；每增运 0.5km，每 1000m^3 定额基价为 434 元。

参考答案：

(1) 混合料全线加权平均运距计算

①设置 1 处拌和场：

当拌和场设置在路线 1/3 处时，距路线起终点分别为 12km 和 24km，混合料加权平均运距：$(6 \times 12 + 12 \times 24) \div 36 + 0.2 = 10.2 (km)$。

0.2km 不足一个增运定额单位 (0.5km) 的半数，因此平均运距按 10km 计算。

②设置 2 处拌和场：

拌和场设置在距路线两端 1/3 处，两个拌和场供料范围均为 18km，其混合料综合平均运距：$(6 \times 12 + 3 \times 6) \div 18 + 0.2 = 5.2 (km)$。

0.2km 不足一个增运定额单位 (0.5km) 的半数，因此平均运距按 5km 计算。

(2) 混合料运输费用计算

混合料工程量：$0.18 \times 22 \times 36000 = 142560 (m^3)$。

①设置 1 处拌和场时混合料运输费用：

$(5262 + 434 \times 18) \times (1 + 25\%) \times 142560 \div 1000 = 2329787 (元)$。

②设置 2 处拌和场时混合料运输费用：

$(5262 + 434 \times 8) \times (1 + 25\%) \times 142560 \div 1000 = 1556399 (元)$。

(3) 两方案的经济性比较

①设置 1 处拌和场时的综合费用：

$2000000 + 2329787 = 4329787 (元)$。

②设置2处拌和场时的综合费用：
2000000×2+1556399=5556399(元)。
由计算可知,设置1处拌和场较设置2处拌和场的综合费用更低,从经济角度出发,推荐设置1处拌和场的施工组织方案。

 案例2-7

某桥梁工程全长460m,上部结构为15×30m预应力T形梁。上部结构施工有两种方案可供选择:方案A为现场预制T形梁,方案B为购买半成品T形梁。

已知:每片T形梁混凝土方量为40m^3,每孔桥由6片梁组成。半成品T形梁的购买单价为140000元/片,运输至工地费用为20元/m^3。现场预制梁混凝土拌和站安拆及场地处理费为60万元,预制底座费用为60000元/个,现场混凝土预制费用为3000元/m^3,现场预制其他费用为2万元/月,每片梁预制周期为10天。

问题：
假设T形梁预制工期为8个月,请从经济角度比较A、B两个方案的优劣。

分析要点：
本案例主要考查现场预制T形梁和购买T形梁之间的差别。根据题意,现场预制中应考虑拌和站安拆及场地处理费用、预制底座费用、混凝土预制费用及其他费用。而预制底座费用与预制周期及其他费用和工期有关,应在答题中予以重视。

参考答案：
(1)预制底座数量的计算
T形梁片数的计算:15×6=90(片)。
T形梁混凝土数量的计算:90×40=3600(m^3)。
T形梁预制周期为10天,8个月工期内,每个底座可预制8×3=24(片)。
预制底座数量的计算:90÷24=3.75(个)。
因此,应设置4个底座。
(2)方案A、方案B的经济性比较
方案A费用的计算:600000+4×60000+36000×3000+20000×8=11800000(元)。
方案B费用的计算:(140000+20×40)×90=12672000(元)。
方案A费用低于方案B费用,因此从经济角度比较,方案A优于方案B。

 案例2-8

某公司承包了某公路建设项目的交通安全设施工程,采用固定总价合同,合同价为5500

万元,合同工期为 200 天。合同中约定,实际工期每拖延 1 天,逾期违约金为 5 万元;实际工期每提前 1 天,提前工期奖为 3 万元。

经造价工程师分析,该交通安全设施工程成本最低的工期为 210 天,相应的成本为 5000 万元(不含违约金)。在此基础上,工期每缩短 1 天,需增加成本 10 万元;工期每延长 1 天,需增加成本 9 万元。在充分考虑施工现场条件和本公司人力、施工机械条件的前提下,该工程最可能的工期为 206 天。根据本公司类似工程的历史资料,该工程按最可能的工期、合同工期和成本最低的工期完成的概率分别为 0.6、0.3 和 0.1。

问题:

1. 该工程按合同工期和按成本最低的工期组织施工的利润额各为多少?试分析这两种施工组织方案的优缺点。

2. 在确保该工程不亏本的前提下,该工程允许的最长工期为多少?(计算结果四舍五入取整数)

3. 若按最可能的工期组织施工,该工程的利润额为多少?相应的成本利润率为多少?(计算结果保留两位小数)

4. 假定该工程按合同工期、成本最低的工期和最可能的工期组织施工的利润额分别为 380 万元、480 万元和 420 万元,该工程的期望利润额为多少?相应的产值利润率为多少?(计算结果保留两位小数)

分析要点:

本案例考查工期与成本之间的关系。

一般而言,每个工程都客观上存在成本最低的工期,即比此工期长或短的工期组织施工都将增加成本。因此,当招标人在招标时,对工期未作特别规定或限制的情况下,投标人通常应当按成本最低的工期及相应的成本加上适当的利润投标。但是,若招标人在招标时对工期作了限制性规定(如在本案例中,招标人可能在招标文件中规定工期不得超过 200 天),如果投标人按成本最低的工期投标,将被视为未对招标文件作出实质性反应,从而作为废标处理。按合同工期组织施工和按成本最低的工期组织施工,各有利弊。至于中标人与招标人签订合同后究竟选择哪种施工组织方式,取决于中标人的价值取向和经营理念。因此,问题 1 并未要求优选施工组织方式,而是要求分析这两种施工组织方式的优缺点。

问题 2 可以从成本最低的工期角度出发,考虑由于延长工期所增加的成本和逾期违约金而抵消全部利润所增加的时间,也可以采用列方程的方式求解。

问题 3 给出 3 种解题方式。解法 1 采用列方程的方式求解,虽然计算式较复杂,但不易出错;解法 2 和解法 3 是在问题 1 答案的基础上,考虑按最可能工期组织施工与按合同工期和成本最低的工期组织施工之间的成本差异列式计算,虽然计算式较简单,但思路要非常清晰,否则容易出错。

问题 4 考查期望值的概念。为了避免由于问题 1 至问题 3 的计算结果错误而导致本题计算错误,故作为已知条件假定了 3 种施工组织方式情况下的利润额。这样的处理方式在工程造价案例分析科目考试中有应用,注意不要用这些假定的数值检验相关问题的答案(但这些假定数值之间的相对大小关系与相关问题的正确答案应当是一致的)。

问题 3 和问题 4 还分别考查了成本利润率和产值利润率两个概念。这本是简单的问题,但需要注意的是,如果实际考试中仅仅涉及其中一种利润率,不要将两者混淆。

参考答案:

问题 1:

(1)按合同工期组织施工的利润额:$5500 - 5000 - 10 \times (210 - 200) = 400$(万元);

按成本最低的工期组织施工的利润额:$5500 - 5000 - 5 \times (210 - 200) = 450$(万元)。

(2)按合同工期组织施工的优点是企业可获得较好的信誉,利于今后承接其他工程;缺点是利润额较低,工程的经济效益较差。

按成本最低的工期组织施工的优点是利润额较高,工程的经济效益较好;缺点是影响企业的信誉,可能会影响今后承接其他工程。

问题 2:

解法 1:允许的最长工期:$210 + 450 \div (5 + 9) = 242$(天)。

解法 2:设允许的最长工期为 x 天,则:

$$5500 - 5000 - 9 \times (x - 210) - 5 \times (x - 200) = 0$$

解得:$x = 242$(天)。

问题 3:

(1)按最可能工期组织施工的利润额:

解法 1:$5500 - 5000 - 10 \times (210 - 206) - 5 \times (206 - 200) = 430$(万元)。

解法 2:$400 + 10 \times (206 - 200) - 5 \times (206 - 200) = 430$(万元)。

解法 3:$450 - 10 \times (210 - 206) + 5 \times (210 - 206) = 430$(万元)。

(2)相应的成本利润率:$430 \div (5500 - 430) = 8.48\%$。

问题 4:

(1)该工程的期望利润额:$420 \times 0.6 + 380 \times 0.3 + 480 \times 0.1 = 414$(万元)。

(2)相应的产值利润率:$414 \div 5500 = 7.53\%$。

案例 2-9

某桥梁工程混凝土总需要量为 $5000 m^3$,混凝土工程施工有两种方案可供选择:方案 A 为现场拌和,方案 B 为购买商品混凝土。已知商品混凝土到场单价为 410 元/m^3,现场制作混凝土(不考虑现场混凝土运输费用)的单价计算公式为:

$$C = \frac{C_1}{Q} + \frac{C_2 \times T}{Q} + C_3$$

式中:C——现场制作混凝土的单价(元/m^3);

C_1——现场搅拌站一次性投资(元),本案例 C_1 为 200000 元;
C_2——搅拌站设备装置的月租金和维修费(与工期有关的费用),本案例 C_2 为 15000 元/月;
C_3——在现场搅拌混凝土所需费用(与混凝土数量有关的费用),本案例 C_3 为 320 元/m^3;
Q——现场制作混凝土的数量;
T——工期(月)。

问题:

1. 根据题意,在什么样的工期条件下,该项目选择购买商品混凝土更经济?

2. 当混凝土浇筑工期为 12 个月时,现场制作混凝土的数量最少为多少立方米才能比购买商品混凝土经济?

3. 假设该工程的一根 9.9m 长的预制钢筋混凝土梁可采用三种设计方案,其断面尺寸均满足强度要求。该三种方案分别采用三种不同的现场制作混凝土,有关数据见表 2-9-1。经测算,现场制作混凝土所需费用如下:方案一采用的混凝土为 420 元/m^3,方案二采用的混凝土为 430 元/m^3,方案三采用的混凝土为 425 元/m^3。另外,梁侧模 41.4 元/m^2,梁底模 44.8 元/m^2,钢筋材料、制作、绑扎费用为 5390 元/t。

试选择一种最经济的方案。

表 2-9-1

方 案	断面尺寸(mm×mm)	每立方米混凝土钢筋质量(kg)	混凝土种类
一	300×900	95	方案一采用的混凝土
二	500×600	80	方案二采用的混凝土
三	300×800	105	方案三采用的混凝土

分析要点:

本案例考查技术经济分析方法的一般应用。

问题 1 和问题 2 都是对现场制作混凝土与购买商品混凝土经济性的比较分析,是同一个问题的两个方面。问题 1 的条件是混凝土数量一定而工期不定,问题 2 的条件是工期一定而混凝土数量不定。由现场制作混凝土的单价计算公式可知,该单价与工期成正比,即工期越长单价越高;与混凝土数量成反比,即混凝土数量越多单价越低。

问题 3 要注意的是,若背景资料仅给出模板单价(即侧模与底模单价相同),在计算模板面积时,不能以梁断面的周长与其长度相乘,因为梁的顶面无模板。

参考答案:

问题 1:

现场制作混凝土的单价与工期有关,当 A(现场拌和混凝土)、B(购买商品混凝土)两个方案的单价相等时,工期 T 满足以下关系:

$$\frac{200000}{5000}+\frac{15000\times T}{5000}+320=410$$

解得:$T=16.67$(月)。

由此可得到以下结论:

当 $T=16.67$(月)时,A、B 两方案单价相同;

当 $T<16.67$(月)时,方案 A 比方案 B 经济;

当 $T>16.67$(月)时,方案 B 比方案 A 经济。即在工期大于 16.67 个月时,选择购买商品混凝土方案更经济。

问题 2:

当工期为 12 个月时,现场制作混凝土的最少数量计算如下:

设最少数量为 x,根据公式有:

$$\frac{200000}{x}+\frac{15000\times12}{x}+320=410$$

解得:$x=4222.22$(m^3)。

当 $T=12$ 个月时,现场制作混凝土的数量必须大于 $4222.22m^3$,才比购买商品混凝土经济。

问题 3:

三种方案的费用计算见下表。

表 2-9-2

项　　目		方　案　一	方　案　二	方　案　三
混凝土	工程量(m³)	2.673	2.970	2.376
	单价(元/m³)	420	430	425
	费用小计(元)	1122.66	1277.10	1009.8
钢筋	工程量(kg)	253.94	237.60	249.48
	单价(元/kg)	5.39		
	费用小计(元)	1368.74	1275.91	1344.70
梁侧模板	工程量(m²)	18.36	12.48	16.32
	单价(元/m²)	41.4		
	费用小计(元)	760.10	516.67	675.65
梁底模板	工程量(m²)	2.97	4.95	2.97
	单价(元/m²)	44.80		
	费用小计(元)	133.06	221.76	133.06
费用合计(元)		3384.56	3291.44	3163.21

由表的计算结果可知,方案三的总费用最低,为最经济的方案。

案例 2-10

某隧道工程的施工网络计划如图 2-10-1 所示。

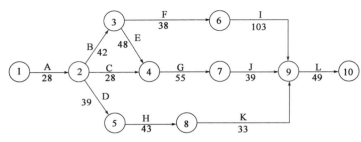

图 2-10-1 某隧道工程施工网络计划图

📖 问题：

请指出该网络图的关键线路,计算总工期,并回答压缩关键线路上的哪些工作的延续时间可能改变关键线路？压缩关键线路上的哪些工作不会改变关键线路？为什么？

📖 分析要点：

如果用具体的数据通过计算来确定关键线路是否变化,就能得出正确的结论。不能笼统地说,压缩关键工作会改变关键线路。

📖 参考答案：

本网络图关键线路 1—2—3—4—7—9—10,总工期 261 天。

压缩关键工作 B、E、G、J 可能改变关键线路,因为如果这四项关键工作的压缩时间超过非关键线路的总时差,就会改变关键线路。

压缩关键工作 A、L 不会改变关键线路,因为工作 A、L 是所有线路(包括关键线路和非关键线路)的共有工作,其持续时间缩短则所有线路的持续时间都相应缩短,不改变非关键线路的时差。

🔍 案例 2-11

某工程由 A、B、C、D 四个施工过程组成,施工顺序为:A→B→C→D,分别在四个施工段上,各施工过程相应的流水节拍:$t_A=2$ 天,$t_B=4$ 天,$t_C=4$ 天,$t_D=2$ 天。

📖 问题：

在劳动力相对固定的条件下,试确定流水施工方案。

📖 分析要点：

本案例主要考查异节拍流水施工的计算。

📖 参考答案：

从流水节拍特点看,可组织异节拍专业流水;但因劳动力不能增加,无法做到等步距。为了保证专业工作队连续施工,按无节奏专业流水方式组织施工。

(1)确定施工段数、工序数

为使专业工作队连续施工,取施工段数等于施工过程数,即:$m=n=4$。

(2)求累加数列

A:2,4,6,8;B:4,8,12,16;

C:4,8,12,16;D:2,4,6,8。

(3)确定流水步距

① $K_{A,B}$:

$$
\begin{array}{r}
2 \quad 4 \quad 6 \quad 8 \quad 0 \\
-) \quad 0 \quad 4 \quad 8 \quad 12 \quad 16 \\
\hline
2 \quad 0 \quad -2 \quad -4 \quad -16
\end{array}
$$

$K_{A,B}=2$。

② $K_{B,C}$:

$$
\begin{array}{r}
4 \quad 8 \quad 12 \quad 16 \quad 0 \\
-) \quad 0 \quad 4 \quad 8 \quad 12 \quad 16 \\
\hline
4 \quad 4 \quad 4 \quad 4 \quad -16
\end{array}
$$

$K_{B,C}=4$。

③ $K_{C,D}$:

$$
\begin{array}{r}
4 \quad 8 \quad 12 \quad 16 \quad 0 \\
-) \quad 0 \quad 2 \quad 4 \quad 6 \quad 8 \\
\hline
4 \quad 6 \quad 8 \quad 10 \quad -8
\end{array}
$$

$K_{C,D}=10$。

(4)计算工期

$T=(2+4+10)+2\times 4=24$(天)。

(5)绘制流水施工进度表

表 2-11-1

施工过程名称	施工进度(天)											
	2	4	6	8	10	12	14	16	18	20	22	24
A	①	②	③	④								
B	$K_{A,B}$	①		②		③		④				
C			$K_{B,C}$		①		②		③		④	
D						$K_{C,D}$			①	②	③	④

案例 2-12

某工程双代号施工网络计划如图 2-12-1 所示,该进度计划已经监理工程师审核批准,合同工期为 23 个月。

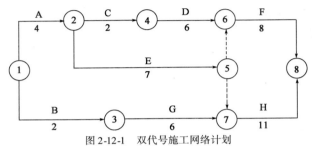

图 2-12-1 双代号施工网络计划

问题:

1. 该施工网络计划的计算工期为多少个月？关键工作有哪些？
2. 计算工作 B、C、G 的总时差和自由时差。
3. 如果工作 C 和工作 G 需共用一台施工机械且只能按先后顺序施工(工作 C 和工作 G 不能同时施工),该施工网络进度计划应如何调整较合理？

分析要点:

本案例考查网络计划的相关问题。

问题 1 考查网络计划关键线路和总工期的确定。

问题 2 考查网络计划时间参数的计算。

问题 3 考查网络计划在资源限定条件下的调整以及按工期要求对可行的调整方案的比选。在这一问题中,涉及工作之间的逻辑关系、网络图的绘制原则、节点编号的确定以及虚工作的运用。

网络计划的调整不仅可能改变总工期,而且可能改变关键线路。本案例为了强调这一点,在设置网络计划各工作的逻辑关系和持续时间时,特别使两个调整方案的关键线路和总工期均与原网络计划不同,而且互不相同。

需要特别指出的是,问题 3 需按要求重新绘制网络计划,通过计算比较工期长短后才能得出正确答案。不能简单地认为,由于在原网络计划中 G 工作之后是关键工作,因而应当先安排 G 工作再安排 C 工作。

参考答案:

问题 1:

按工作计算法,对该网络计划工作最早时间参数进行计算:

(1) 工作最早开始时间 ES_{i-j}

$ES_{1-2} = ES_{1-3} = 0$;

$ES_{2-4} = ES_{2-5} = ES_{1-2} + D_{1-2} = 0 + 4 = 4$；

$ES_{3-7} = ES_{1-3} + D_{1-3} = 0 + 2 = 2$；

$ES_{4-6} = ES_{2-4} + D_{2-4} = 4 + 2 = 6$；

$ES_{6-8} = \max\{(ES_{2-5} + D_{2-5}),(ES_{4-6} + D_{4-6})\} = \max\{(4+7),(6+6)\} = 12$；

$ES_{7-8} = \max\{(ES_{2-5} + D_{2-5}),(ES_{3-7} + D_{3-7})\} = \max\{(4+7),(2+6)\} = 11$。

（2）工作最早完成时间 EF_{i-j}

$EF_{1-2} = ES_{1-2} + D_{1-2} = 0 + 4 = 4$；

$EF_{1-3} = ES_{1-3} + D_{1-3} = 0 + 2 = 2$；

……

$EF_{6-8} = ES_{6-8} + D_{6-8} = 12 + 8 = 20$；

$EF_{7-8} = ES_{7-8} + D_{7-8} = 11 + 11 = 22$。

上述计算也可直接在图上进行,其计算结果如图2-12-2所示。该网络计划的计算工期：$T_c = \max\{EF_{6-8}, EF_{7-8}\} = \max\{20, 22\} = 22$（月）。

关键路线为所有线路中最长的线路,其长度等于22个月。从图2-12-2可见,关键路线为1—2—5—7—8,关键工作为 A、E、H,不必将所有工作总时差计算出来后再来确定关键工作。

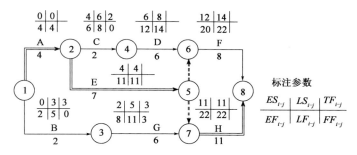

图2-12-2 施工网络计划工期计算

问题2：

按工作计算法,对该网络计划工作最迟时间参数进行计算：

（1）工作最迟完成时间 LF_{i-j}

$LF_{6-8} = LF_{7-8} = T_c = 22$；

$LF_{4-6} = LF_{6-8} - D_{6-8} = 22 - 8 = 14$；

$LF_{2-5} = \min\{(LF_{6-8} - D_{6-8}),(LF_{7-8} - D_{7-8})\} = \min\{(22-8),(22-11)\} = \min\{14,11\} = 11$。

（2）工作最迟开始时间 LS_{i-j}

$LS_{6-8} = LF_{6-8} - D_{6-8} = 22 - 8 = 14$；

$LS_{7-8} = LF_{7-8} - D_{7-8} = 22 - 11 = 11$；

$LS_{2-5} = LF_{2-5} - D_{2-5} = 11 - 7 = 4$。

上述计算也可直接在图上进行,其结果如图2-12-2所示。利用前面的计算结果,根据总时差和自由时差的定义,可以进行如下计算：

工作 $B: TF_{1-3} = LS_{1-3} - ES_{1-3} = 3 - 0 = 3; FF_{1-3} = ES_{3-7} - EF_{1-3} = 2 - 2 = 0$。

工作 $C: TF_{2-4} = LS_{2-4} - ES_{2-4} = 6 - 4 = 2; FF_{2-4} = ES_{4-6} - EF_{2-4} = 6 - 6 = 0$。

工作 $G: TF_{3-7} = LS_{3-7} - ES_{3-7} = 5 - 2 = 3; FF_{3-7} = ES_{7-8} - EF_{3-7} = 11 - 8 = 3$。

总时差和自由时差计算也可直接在图上进行，标注在相应位置，如图 2-12-2 所示，其他工作的总时差和自由时差本题没有要求。

问题 3：

工作 C 和工作 G 共用一台施工机械且需按先后顺序施工时，有两种可行的方案。

(1) 方案一：按先 C 后 G 顺序施工，调整后网络计划如图 2-12-3 所示。

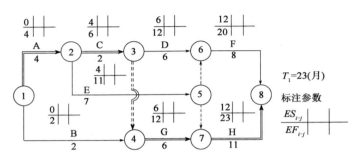

图 2-12-3　先 C 后 G 顺序施工网络计划

按工作计算法，只需计算各工作的最早开始时间和最早完成时间，如图 2-12-3 所示，即可求得计算工期：

$T_1 = \max\{EF_{6-8}, EF_{7-8}\} = \max\{20, 23\} = 23$（月），关键路线为 1—2—3—4—7—8。

(2) 方案二：按先 G 后 C 顺序施工，调整后网络计划如图 2-12-4 所示。按工作计算法，只需计算各工作的最早开始时间和最早完成时间，见图 2-12-4，即可求得计算工期：

$T_2 = \max\{EF_{8-10}, EF_{9-10}\} = \max\{24, 22\} = 24$（月），关键路线为 1—3—4—5—6—8—10。

通过上述两方案的比较，方案一的工期比方案二的工期短，且满足合同工期的要求。因此，按先 C 后 G 的顺序组织施工较为合理。

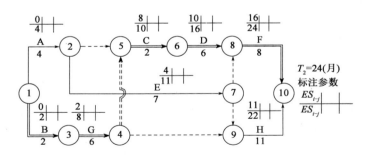

图 2-12-4　先 G 后 C 顺序施工网络计划

案例 2-13

根据工作之间的逻辑关系，某工程施工网络计划如图 2-13-1 所示。该工程有两个施工组织方案,相应的各工作所需的持续时间和费用见表 2-13-1。在施工合同中约定:合同工期为 271 天,实际工期每拖延 1 天,逾期违约金为 0.5 万元;实际工期每提前 1 天,提前工期奖为 0.5 万元。

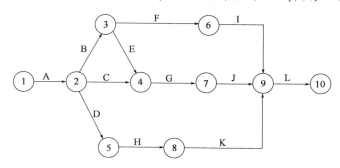

图 2-13-1 某工程施工网络计划

基础资料表　　　　　　　　　　　表 2-13-1

工 作	施工组织方案 I		施工组织方案 II	
	持续时间(天)	费用(万元)	持续时间(天)	费用(万元)
A	30	13	28	16
B	46	20	42	22
C	28	10	28	10
D	40	19	39	19.5
E	50	23	48	23.5
F	38	13	38	13
G	59	25	55	28
H	43	18	43	18
I	50	24	48	25
J	39	12.5	39	12.5
K	35	15	33	16
L	50	20	49	21

问题:

1. 分别计算两种施工组织方案的工期和综合费用并确定其关键线路。

2. 如果对该工程采用混合方案组织施工,应如何组织施工较经济?相应的工期和综合费用各为多少?(在本题的解题过程中不考虑工作持续时间变化对网络计划关键线路的影响)

分析要点:

本案例考查施工组织方案的比选原则和方法,以及在费用最低的前提下对施工进度计划(网络计划)的优化。

问题 1 涉及关键线路的确定和综合费用的计算。若题目不要求计算网络计划的时间参数,而仅仅要求确定关键线路,则并不一定要计算网络计划的时间参数,可按总时差为零的工作所组成的线路来确定关键线路;可先列出网络计划中的所有线路,再分别计算各线路的长度,其中最长的线路即为关键线路。

所谓综合费用,是指施工组织方案本身所需的费用与根据该方案计算工期和合同工期的差额所产生的工期奖罚费用之和,其数值大小是选择施工组织方案的重要依据。

问题 2 实际上是对施工进度计划的优化。采用混合方案组织施工有以下两种可能性:一是关键工作采用方案 Ⅱ(工期较短),非关键工作采用方案 Ⅰ(费用较低)组织施工;二是在方案 Ⅰ 的基础上,按一定的优先顺序压缩关键线路。通过比较以上两种混合组织施工方案的综合费用,取其中费用较低者付诸实施。

由于本工程非关键线路的时差天数很多,非关键工作持续时间少量延长或关键工作持续时间少量压缩不改变网络计划的关键线路。因此,本题出于简化计算的考虑,在解题过程中不考虑工作持续时间变化对网络计划关键线路的影响。但是,在实际组织施工时,要注意原非关键工作延长后可能成为关键工作,甚至可能使计划工期(未必是合同工期)延长;而关键工作压缩后可能使原非关键工作成为关键工作,从而改变关键线路或形成多条关键线路。需要说明的是,按惯例,施工进度计划应提交给监理工程师审查,不满足合同工期要求的施工进度计划是不会被批准的。因此,从理论上讲,当原施工进度计划不满足合同工期要求时,即使压缩费用大于工期奖,也必须压缩(实际操作时,承包商仍可能宁可承受逾期违约金而按费用最低的原则组织施工)。另外还要注意,两种方案的关键线路可能不同,在解题时要注意加以区分。

参考答案:

问题 1:

根据对图 2-13-1 施工网络计划的分析可知,该网络计划共有 4 条线路,即:

线路 1:1—2—3— 6—9—10;
线路 2:1—2—3— 4—7—9—10;
线路 3:1—2—4—7—9—10;
线路 4:1—2—5—8—9—10。

(1)按方案 Ⅰ 组织施工,将基础资料表中各工作的持续时间标在网络图上,如图 2-13-2 所示。

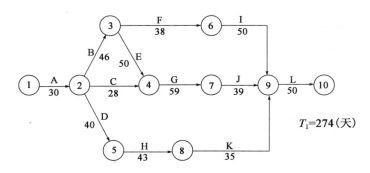

图 2-13-2 方案 Ⅰ 施工网络计划

图 2-13-2 中 4 条线路的长度分别为：
$t_1 = 30+46+38+50+50 = 214(天)$；
$t_2 = 30+46+50+59+39+50 = 274(天)$；
$t_3 = 30+28+59+39+50 = 206(天)$；
$t_4 = 30+40+43+35+50 = 198(天)$。

所以，关键线路为 1—2—3—4—7—9—10，计算工期 $T_1 = 274(天)$。

将表 2-13-1 中各工作的费用相加，得到方案 I 的总费用为 212.5 万元，则其综合费用 $C_1 = 212.5 + (274-271) \times 0.5 = 214(万元)$。

(2) 按方案 II 组织施工，将表 2-13-1 中各工作的持续时间标在网络图上，如图 2-13-3 所示。

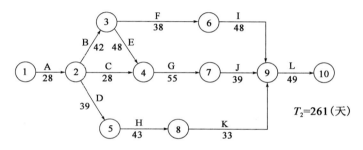

图 2-13-3　方案 II 施工网络计划

图 2-13-3 中 4 条线路的长度分别为：
$t_1 = 28+42+38+48+49 = 205(天)$；
$t_2 = 28+42+48+55+39+49 = 261(天)$；
$t_3 = 28+28+55+39+49 = 199(天)$；
$t_4 = 28+39+43+33+49 = 192(天)$。

所以，关键线路仍为 1—2—3—4—7—9—10，计算工期 $T_2 = 261(天)$。

将表 2-13-1 中各工作的费用相加，得到方案 II 的总费用为 224.5 万元，则其综合费用 $C_2 = 224.5 + (261-271) \times 0.5 = 219.5(万元)$。

问题 2：

(1) 关键工作采用方案 II，非关键工作采用方案 I。

即关键工作 A、B、E、G、J、L 执行方案 II 的工作时间，保证工期为 261 天；非关键工作执行方案 I 的工作时间，而其中费用较低的非关键工作有：

$t_D = 40(天)$，$C_D = 19(万元)$；$t_I = 50(天)$，$C_I = 24(万元)$；$t_K = 35(天)$，$C_K = 15(万元)$。则按此方案混合组织施工的综合费用为：$C' = 219.5 - (19.5-19) - (25-24) - (16-15) = 217(万元)$。

(2) 在方案 I 的基础上，按压缩费用从少到多的顺序压缩关键线路。

① 计算各关键工作的压缩费用：

关键工作 A、B、E、G、J、L 每压缩一天的费用分别为 1.5 万元、0.5 万元、0.25 万元、0.75 万元、1.0 万元。

②先对压缩费用小于工期奖的工作压缩,即压缩工作 E 2 天,但工作 E 压缩后仍不满足合同工期要求,故仍需进一步压缩;再压缩工作 B 4 天,则工期为 268(274 - 2 - 4 = 268)天,相应的综合费用为: $C'' = 212.5 + 0.25 \times 2 + 0.5 \times 4 + (268 - 271) \times 0.5 = 213.5$(万元)。

因此,应在方案 I 的基础上压缩关键线路来组织施工,相应的工期为 268 天,相应的综合费用为 213.5 万元。

第三章 交通运输工程计量与计价

本章基本知识点

1. 《公路工程建设项目概算预算编制办法》(JTG 3830—2018)、《公路工程概算定额》(JTG/T 3831—2018)、《公路工程预算定额》(JTG/T 3832—2018)、《公路工程机械台班费用定额》(JTG/T 3833—2018)、交通运输部关于调整《公路工程建设项目投资估算编制办法》(JTG 3820—2018)和《公路工程建设项目概算预算编制办法》(JTG 3830—2018)中"税金"有关规定的公告(交通运输部公告第26号)、《关于深化增值税改革有关政策的公告》(财政部、税务总局、海关总署公告2019第39号)等相关规定。

2. 工程量计算,清单工程量与定额工程量的区别与联系。

3. 概预算分项费用的组成、确定及调整。

4. 设计概算的编制方法。

5. 施工图预算的编制方法。

6. 公路工程工程量清单计价的基本规则,工程量清单编制方法及清单预算编制的方法。

案例 3-1

某高速公路路基土石方工程,挖土方总量 3600000m³,其中:松土 400000m³、普通土 2400000m³、硬土 800000m³。利用开挖土方作填方用,利用天然密实松土 300000m³、普通土 1900000m³、硬土 720000m³。开炸石方总量 1240000m³,利用开炸石方作填方用,利用石方天然密实方 420000m³。填方压实方 5270000m³。

问题:

计算本项目路基设计断面方、计价方、利用方、借方和弃方数量,计算结果保留整数。

分析要点:

本案例主要考核关于土、石方数量的几个概念性问题以及相互之间的关系,天然密实方与压实方之间的关系等。天然密实方与压实方的调整系数见下表。

表 3-1-1

公路等级	松 土	普 通 土	硬 土	石 方
二级及以上等级	1.23	1.16	1.09	0.92
三级、四级公路	1.11	1.05	1.00	0.84

注:1. 当填方为借方时,应在上表的基础上增加 0.03 的土方运输损耗。
　　2. 数据来源《公路工程预算定额》(JTG/T 3832—2018)。

设计断面方 = 挖方(天然密实方) + 填方(压实方)。

计价方 = 挖方(天然密实方) + 填方(压实方) − 利用方(压实方)
　　　 = 挖方(天然密实方) + 借方(压实方)。

借方 = 填方(压实方) − 利用方(压实方)。

弃方 = 挖方(天然密实方) − 利用方(天然密实方)。

 参考答案:

(1) 路基设计断面方数量:3600000 + 1240000 + 5270000 = 10110000(m³)。

(2) 利用方数量(压实方):300000 ÷ 1.23 + 1900000 ÷ 1.16 + 720000 ÷ 1.09 + 420000 ÷ 0.92 = 2998906(m³)。

(3) 计价方数量:10110000 − 2998906 = 7111094(m³)。

(4) 借方数量:5270000 − 2998906 = 2271094(m³)。

(5) 弃方数量:3600000 + 1240000 − (300000 + 1900000 + 720000 + 420000) = 1500000(m³)。

案例 3-2

某高速公路某合同段长 15km,路基宽 26m,其中挖方路段长 4.5km,填方路段长 10.5km。招标文件图纸中路基土石方表的主要内容见表 3-2-1。

表 3-2-1

挖方(m³)				填方总量(m³)	本桩利用(m³)			远运利用(m³)		借土(m³)
普通土	硬土	软石	次坚石		普通土	硬土	石方	土方	石方	普通土
265000	220000	404000	340000	1620000	50000	35000	105000	385000	450000	600000

注:表中挖方、利用方均指天然密实方,借方指压实方。

根据招标文件技术规范规定,路基挖方包括土石方的开挖和运输,路基填筑包括土石方的压实,借土填方包括土方的开挖、运输和压实费用,工程量清单格式见表 3-2-2。

表 3-2-2

细目编号	细目名称	单位	数量	单价(元)	合价(元)
203-1-a	挖土方	m³			
203-1-b	挖石方	m³			
204-1-a	利用土方	m³			
204-1-b	利用石方	m³			
204-1-d	借土填方	m³			

问题：

1. 请计算各支付细目的计量工程数量，计算结果保留整数。
2. 请按路基挖填长度和土石类别计算各清单细目应分摊的整修路拱和整修边坡的工程数量，计算结果保留整数。

分析要点：

本案例主要考核关于土石方数量的几个概念性问题以及相互之间的关系，天然密实方与压实方之间的关系以及工程量清单计量规则等。

另外要熟知整修路拱和整修边坡的计算规则，可以查《公路工程预算定额》（JTG/T 3832—2018）路基部分，整修路拱按路拱面积计算，整修边坡按公路路基长度计算。

参考答案：

问题 1：

实际计量支付以断面方进行计量。故挖方数量为天然密实方，填方数量为压实方，并据此计算清单计量工程数量。

203-1-a 挖土方：$265000 + 220000 = 485000（m^3）$。

203-1-b 挖石方：$404000 + 340000 = 744000（m^3）$。

204-1-b 利用石方：$(105000 + 450000) \div 0.92 = 603261（m^3）$。

204-1-d 借土填方：$600000（m^3）$。

204-1-a 利用土方：$1620000 - 603261 - 600000 = 416739（m^3）$。

问题 2：

由于"整修路拱""整修边坡"在工程量清单中不单独列项计量支付，根据计价规则，其费用应分摊至相关的计量子目中，因此整修路拱、整修边坡的费用需先分摊至路基挖方、填方中，再按照各支付子目的数量，按数量比例进行分摊。整修路拱的数量为路基长度乘以路槽宽度，具体计算如下：

（1）各支付细目分摊的整修路拱的工程数量计算

挖方总量：$485000 + 744000 = 1229000（m^3）$。

填方总量：$1620000（m^3）$。

203-1-a 挖土方：$4500 \times 26 \times (485000 \div 1229000) = 46172（m^2）$。

203-1-b 挖石方：$4500 \times 26 \times (744000 \div 1229000) = 70828（m^2）$。

204-1-a 利用土方：$10500 \times 26 \times (416739 \div 1620000) = 70228（m^2）$。

204-1-b 利用石方：$10500 \times 26 \times (603261 \div 1620000) = 101661（m^2）$。

204-1-d 借土填方：$10500 \times 26 \times (600000 \div 1620000) = 101111（m^2）$。

（2）各支付细目分摊的整修边坡的工程数量计算

203-1-a 挖土方：$4.5 \times (485000 \div 1229000) = 1.776（km）$。

203-1-b 挖石方：$4.5 \times (744000 \div 1229000) = 2.724（km）$。

204-1-a 利用土方：$10.5 \times (416739 \div 1620000) = 2.701（km）$。

204-1-b 利用石方:$10.5 \times (603261 \div 1620000) = 3.910(km)$。

204-1-d 借土填方:$10.5 \times (600000 \div 1620000) = 3.889(km)$。

案例 3-3

某桥布置如图 3-3-1、图 3-3-2 所示(地形平坦),根据提供的地质资料显示,桩基穿过两层粉砂,层厚分别约为 3m(为简化计算,做题按 3m 计算),其余为粉质黏土或粉土。

问题:

1. 依据《公路工程标准施工招标文件》(2018 年版)计算本桥桩基清单工程量(桩基逐桩参数图略,桩长按图示长度计算,同一排桩长度按相同考虑,0 号台地面高程按 44.22m 计,7 号台地面高程按 43.721m 计)。招标文件补充技术规范中关于桩长的计量规则修改为"桩长为桩底高程至承台底面或系梁顶面。对于与桩连为一体的柱式墩台,如无承台或系梁时,则以桩位处原始地面线为分界线,地面线以下部分为灌注桩桩长。若图纸有标示的,按图纸标示为准。"

2. 施工组织计划采用回旋钻钻孔,起重机配吊斗灌注混凝土,混凝土运输 1km。计算桩基清单组价的定额工程量(桩基结构详图略,本题不考虑检测管和泥渣外运)。

分析要点:

本案例主要考核桩基计价规则,清单工程量与定额工程量之间的关系与区别。依据《公路工程标准施工招标文件》(2018 年版)和本项目补充技术规范的规定,桩长按以下规则计算:桩长为桩底高程至承台底面或系梁顶面;对于与桩连为一体的柱式墩台,如无承台或系梁时,则以桩位处原始地面线为分界线,地面线以下部分为灌注桩桩长;若图纸有标示的,按图纸标示为准。

灌注桩成孔工程量按设计入土深度计算。定额中的孔深指护筒顶至桩底(设计高程)的深度。造孔定额中同一孔内的不同土质,不论其所在的深度如何,均采用总孔深定额。

另外要求考生会根据预算定额查询相应参数,如本题中需要用到的钢护筒。

参考答案:

问题 1:

(1)清单工程量计算

$\phi 120cm$ 桩长:$44 \times 8 \times 2 = 704(m)$。

$\phi 150cm$ 桩长:$52 \times 4 \times 6 = 1248(m)$。

(2)$\phi 120cm$ 桩定额工程量计算

查《公路工程预算定额》(JTG/T 3832—2018)483 页,得到钢护筒每米参考质量。

钢护筒陆地按每根桩 3.0m 计算,共 16 根桩,$3 \times 16 \times 0.390 = 18.720(t)$。

钻孔长度:$(44.22 + 1.649) \times 8 + (43.721 + 0.924) \times 8 = 724.1(m)$。

其中,砂土:$3 \times 2 \times 16 = 96(m)$;

粉土或粉质黏土:$724.1 - 96 = 628.1(m)$;

灌注混凝土:$704 \times (\pi \times 0.6 \times 0.6) = 796.2(m^3)$;

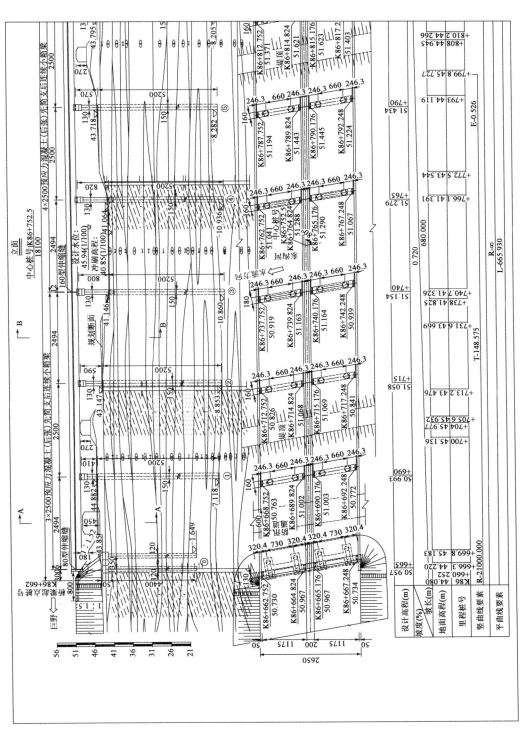

图3-3-1 桥位布置图（一）（尺寸单位：mm）

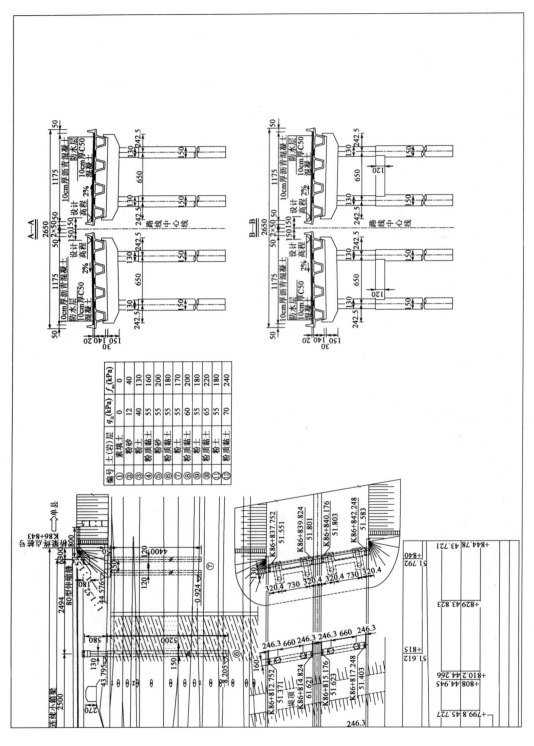

图3-3-2 桥位布置图(二)(尺寸单位:mm)

混凝土拌和运输数量:796.2×1.201=956.2(m³)。

(3)φ150cm桩定额工程量计算

钢护筒陆地按每根桩3.0m计算,共24根桩,3×24×0.568=40.896(t)。

钻孔长度(45.136+7.118)×4+(43.476+8.853)×4+(41.326+10.860)×4+(41.391+10.936)×4+(44.119+8.282)×4+(44.266+8.205)×4=1255.9(m)。

其中,砂土:3×2×24=144(m);

粉土或粉质黏土:1255.9−144=1111.9(m);

灌注混凝土:(52×4×6)×(π×0.75×0.75)=2205.4(m³);

混凝土拌和运输数量:2205.4×1.201=2648.7(m³)。

(4)桩基工程量清单见下表。

表3-3-1

细目编号	细目名称	单位	数量	单价(元)	合价(元)
405-1	钻孔灌注桩				
-a	陆上钻孔灌注桩				
-a-1	桩径φ120cm	m	704		
-a-2	桩径φ150cm	m	1248		

问题2:

桩基清单组价定额工程量见下表。

表3-3-2

	工程细目	定额代号	定额单位	定额数量	定额调整或系数
桩径φ120cm	埋设钢护筒	4-4-9-7	1t	18.720	
	回旋钻机陆地钻孔桩径120cm以内孔深50m以内砂土	4-4-4-25	10m	9.6	
	回旋钻机陆地钻孔桩径120cm以内孔深50m以内黏土	4-4-4-26	10m	62.81	
	灌注桩混凝土回旋、潜水钻成孔(桩径150cm以内)起重机配吊斗	4-4-8-11	10m³	79.62	
	混凝土搅拌站拌和(60m³/h以内)	4-11-11-15	100m³	9.562	
	6m³搅拌运输车运混凝土第一个1km	4-11-11-24	100m³	9.562	
桩径φ150cm	埋设钢护筒	4-4-9-7	1t	40.896	
	回旋钻机陆地钻孔桩径150cm以内孔深60m以内砂土	4-4-4-49	10m	14.4	
	回旋钻机陆地钻孔桩径150cm以内孔深60m以内黏土	4-4-4-50	10m	111.19	
	灌注桩混凝土回旋、潜水钻成孔(桩径150cm以内)起重机配吊斗	4-4-8-11	10m³	220.54	
	混凝土搅拌站拌和(60m³/h以内)	4-11-11-15	100m³	26.487	
	6m³搅拌运输车运混凝土第一个1km	4-11-11-24	100m³	26.487	

案例 3-4

续上题,桥面沥青结构层为 4cm 细粒式改性沥青混凝土 + 6cm 中粒式改性沥青混凝土,铺筑间隔时间短。预制小箱梁的通用图如图 3-4-1～图 3-4-5 所示。每孔箱梁波纹管定位钢筋(HPB300)600kg,钢绞线每股单位质量为 1.101kg/m。

问题:

依据《公路工程标准施工招标文件》(2018 年版)计算本桥上部及桥面的清单工程量(保留 1 位小数)。

分析要点:

本案例主要考查对桥梁结构的理解,考核上部结构计价规则,上部混凝土、钢筋、桥面铺装、钢绞线的计算规则。

注意哪些工作内容为附属工作不单独计量支付,清单工程量与定额工程量之间的关系与区别。

参考答案:

本桥 2 联共 7 跨,其中边跨伸缩缝端共 4 跨、中跨连续端共 3 跨,双幅。

(1) 预制箱梁混凝土数量:$(111.3 \times 4 + 108.6 \times 3) \times 2 = 1542.0 (m^3)$。

(2) 湿接缝混凝土数量:$(15.9 \times 4 + 20.5 \times 3) \times 2 = 250.2 (m^3)$。

(3) 桥面铺装混凝土:$(31.2 \times 4 + 31.9 \times 3) \times 2 = 441.0 (m^3)$。

(4) 桥面沥青混凝土:$(28.9 \times 4 + 29.4 \times 3) \times 2 = 407.6 (m^3)$。

4cm 细粒式改性沥青混凝土:$407.6 \times 0.4 = 163.0 (m^3)$。

6cm 中粒式改性沥青混凝土:$407.6 \times 0.6 = 244.6 (m^3)$。

(5) 防水层:$(289 \times 4 + 294 \times 3) \times 2 = 4076.0 (m^2)$。

(6) 钢绞线设计数量:$[(3645.6 + 573) \times 4 + (3182.8 + 1146) \times 3] \times 2 = 59721.6 (kg)$。

钢绞线工作长度:

①边跨扣减量:$0.65 \times 1.101 \times (64 \times 4) \times 4 \times 2 = 1465.7 (kg)$。

②中跨扣减量:$0.65 \times 1.101 \times (32 \times 3 + 32 \times 4) \times 3 \times 2 = 961.8 (kg)$。

③湿接缝扣减量:$0.3 \times 1.101 \times (20 \times 5 \times 4 + 40 \times 5 \times 3) \times 2 = 660.6 (kg)$。

钢绞线计量数量:$59721.6 - 1465.7 - 961.8 - 660.6 = 56633.5 (kg)$。

钢绞线定额工程量:$59721.6 (kg)$。

(7) 上部构造钢筋清单工程计算

① HPB300 钢筋:$[(6054 + 780) \times 4 + (5996 + 803) \times 3 - 600 \times 7] \times 2 = 87066.0 (kg)$。

② HRB400 钢筋:$[(25950 + 2090) \times 4 + (27047 + 2743) \times 3] \times 2 = 403060.0 (kg)$。

③ D12 冷轧带肋钢筋网:$(5571 \times 4 + 5661 \times 3) \times 2 = 78534.0 (kg)$。

第三章 交通运输工程计量与计价

一孔上部构造主要工程材料数量表（单幅桥）

材料	项目		单位	边跨箱梁		中跨箱梁			调平层、桥面铺装	
				预制部分	现浇部分	预制部分	现浇部分		边跨	中跨
铺装材料	C50混凝土		m³	111.3	15.9	108.6	20.5		31.2	31.9
	沥青混凝土		m³						28.9	29.4
	防水层		m²						289	294
φ*15.2钢绞线			kg	3645.6	573	3182.8	1146			
D12冷轧带肋钢筋焊接网			kg			3501	1079		5571	5661
普通钢筋	HRB400	Φ25	kg	2493	539					
		Φ22		125	18					
		Φ20		7898	226	7821	355			
		Φ16		160	19					
		Φ12		15274	1288	15725	1309			
		小计		25950	2090	27047	2743			
		φ10		6001	780	5935	803			
	HPB300	φ8		53		62				
		小计		6054	780	5996	803			
锚具	M15-3		套	64		32				
	M15-4					32				
	BM15-4									
	BM15-5					40				
波纹管	$D_内=50mm$		m	788	20					
	$D_内=55mm$					784				
	$φ_内=70×25mm$									
	$φ_内=90×25mm$			98		196				

注：
1. 表中钢材规格以毫米计。
2. 表中现浇部分包括现浇混接缝、现浇端横梁、现浇中横隔板、现浇中横梁及接头部分。
3. 表中未计伸缩缝、伸缩缝预留槽处回填材料、护栏、泄水管、绑扎铁丝及焊条数量。
4. 表中未计支座、支座预埋钢板及钢筋数量，具体数量详见《支座预埋件示意图》。

装配式预应力混凝土箱形连续梁桥上部构造
跨径：25m 斜交角：10°
工程材料数量表

荷载标准：公路—Ⅰ级
桥面宽度：2×12.75m
图号：SⅢ-4-1

图3-4-1 工程材料数量表

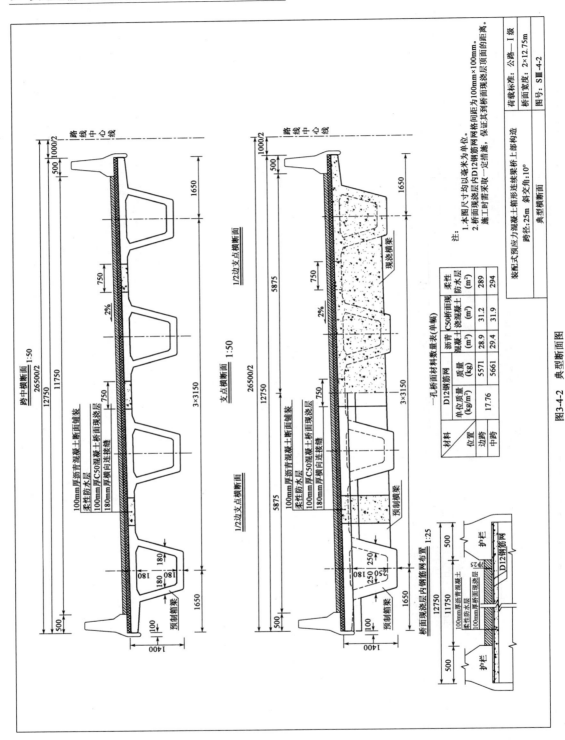

图3-4-2 典型断面图

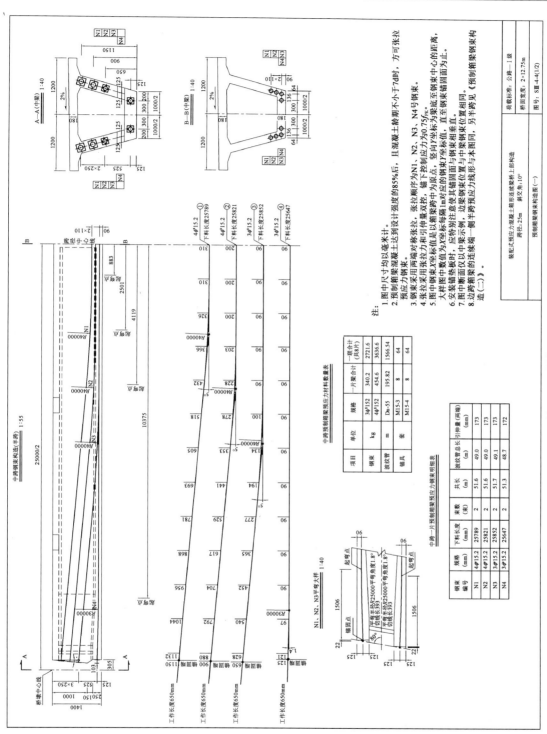

图3-4-3 预制箱梁钢束构造图(一)

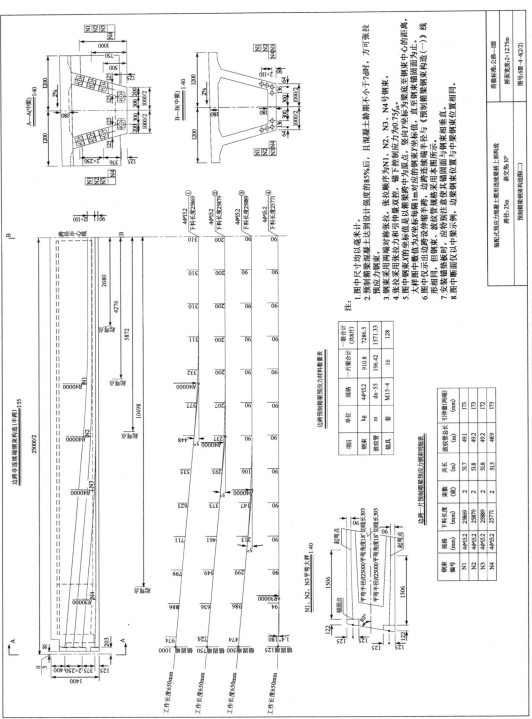

图3-4-4 预制箱梁钢束构造图(二)

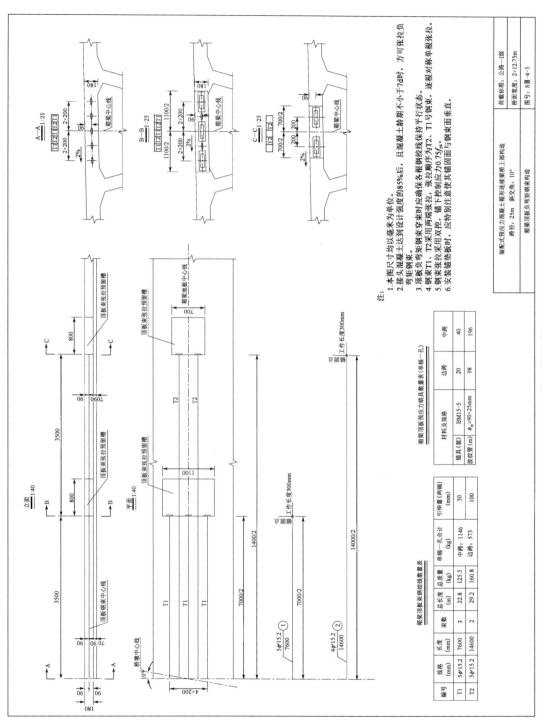

图3-4-5 箱梁顶板负弯矩钢束构造

清单工程量见下表。

表 3-4-1

细目编号	细目名称	单 位	数 量	单价(元)	合价(元)
403-3	上部结构钢筋				
-a	光圆钢筋(HPB300)	kg	87066.0		
-b	带肋钢筋(HRB400)	kg	403060.0		
-c	D12 冷轧带肋钢筋网	kg	78534.0		
410-5	桥梁上部结构现浇整体化混凝土				
-a	C50 混凝土	m^3	250.2		
411-5	后张法预应力钢绞线				
-a	ϕ^s15.2 钢绞线	kg	56633.5		
411-8	预制预应力混凝土上部结构				
-a	C50 混凝土小箱梁	m^3	1542.0		
415-1	沥青混凝土桥面铺装				
-a	4cm 细粒式改性沥青混凝土	m^3	163.0		
-b	6cm 中粒式改性沥青混凝土	m^3	244.6		
415-2	水泥混凝土桥面铺装				
-c	C50 混凝土	m^3	441.0		
415-3	防水层				
-a	桥面混凝土表面处理	m^2	4076.0		
-b	铺设防水层	m^2	4076.0		

案例 3-5

某二级公路建设项目路基土石方的工程量(断面方)见下表。

表 3-5-1

挖 方		填 方		借 方	
普通土	次坚石	土方	石方	普通土	次坚石
470700	1045000	582400	1045200	200000	11500

问题：

1. 请问本项目土石方的计价方数量、断面方数量、利用方数量(天然密实方)、借方数量(天然密实方)和弃方数量各是多少？

2. 假设土的压实干密度为 1.6t/m^3，自然状态土的含水率比其最佳含水率少 1.5%，请问为达到压实要求，应增加的用水量是多少？

3. 假设填方路段线路长 20km，路基宽度 12m，大部分为农田。平均填土高度为2m，边坡坡率为1:1.5,请问耕地填前压实的工程数量大约是多少?

分析要点:

本案例主要考核关于土石方数量的几个概念性问题以及相互之间的关系,天然密实方与压实方之间的关系等。

参考答案:

问题1:

(1)计价方数量:$470700 + 1045000 + 200000 + 11500 = 1727200 (m^3)$。

(2)断面方数量:$470700 + 1045000 + 582400 + 1045200 = 3143300 (m^3)$。

(3)利用方数量(天然密实方):$(582400 - 200000) \times 1.16 + (1045200 - 11500) \times 0.92 = 1394588 (m^3)$。

(4)借方数量(天然密实方):$200000 \times 1.19 + 11500 \times 0.95 = 248925 (m^3)$。

(5)弃方数量:$470700 + 1045000 - 1394588 = 121112 (m^3)$。

问题2:

土方压实需加水数量:$582400 \times 1.6 \times 1.5\% \div 1 = 13978 (m^3)$。

问题3:

耕地填前压实数量:$20000 \times (12 + 2 \times 1.5 \times 2) = 360000 (m^2)$。

案例 3-6

高速公路某标段路基土石方设计中无挖方,按断面计算的填方数量为255000m³,平均填土高度4m,边坡坡度1:1.5。该标段路线长8km,路基宽26m,设计填方量的30%从其他标段调用,由其他标段装车,全部为普通土,平均运距4km;其他为借方,平均运距3km(按普通土考虑)。为保证路基边缘的压实度须加宽填筑,宽填宽度为0.5m,完工后需刷坡,但不需远运。填前压实沉陷厚度为0.15m,土的压实干密度为1.6t/m³,自然状态土的含水率比其最佳含水率少2%,水的平均运距为1km。自卸车按15t考虑。

问题:

列出编制本标段土石方工程施工图预算所需的全部工程细目名称、单位、定额代号及数量等内容,并填入下表中,需要时应列式计算。

表3-6-1

工程细目	定额代号	定额单位	定额数量	定额调整或系数

分析要点：

本案例主要考核根据工程量套用定额，要求对土石方工程量的计算及土石方施工的相关工序较熟悉，确保不漏项。

参考答案：

(1) 填前压实数量：$8000 \times (26 + 4 \times 1.5 \times 2) = 304000 (m^2)$。

(2) 路基填前压实沉陷增加数量：$304000 \times 0.15 = 45600 (m^3)$。

(3) 路基宽填增加数量：$8000 \times 0.5 \times 2 \times 4 = 32000 (m^3)$。

(4) 实际填方数量：$255000 + 45600 + 32000 = 332600 (m^3)$。

(5) 利用方数量：$255000 \times 30\% = 76500 (m^3)$。

(6) 借方数量：$332600 - 76500 = 256100 (m^3)$。

(7) 洒水数量：$332600 \times 1.6 \times 2\% \div 1 = 10643 (m^3)$。

(8) 整修路拱数量：$8000 \times 26 = 208000 (m^2)$。

(9) 刷坡数量：$32000 (m^3)$。

(10) 施工图预算计算数据见表3-6-2。

表3-6-2

工 程 细 目	定额代号	定额单位	定额数量	定额调整或系数
15t 自卸汽车运土方第一个1km	1-1-11-9	1000m³	76.5	×1.16
15t 自卸汽车运土方,增运3km	1-1-11-10	1000m³	76.5	×1.16×6
2m³ 挖掘机挖装土(借土)	1-1-9-8	1000m³	256.1	×1.19
15t 自卸汽车运土方第一个1km	1-1-11-9	1000m³	256.1	×1.19
15t 自卸汽车运土方,增运2km	1-1-11-10	1000m³	256.1	×1.19×4
高速、一级公路15t以内振动压路机碾压土方	1-1-18-4	1000m³	332.6	
10000L 洒水汽车洒水第一个1km	1-1-22-7	1000m³	10.643	
12~15t 光轮压路机填前夯(压)实	1-1-5-4	1000m²	304	
刷坡检底普通土	1-1-21-2	1000m³	32	
整修路拱	1-1-20-1	1000m²	208	

案例3-7

某二级公路路基宽12m，长20km，设计路基土石方数量见表3-7-1、表3-7-2。

表3-7-1

挖方(m³)				填方(m³)
松土	普通土	硬土	次坚石	
50000	150000	65000	45000	420000

表 3-7-2

本桩利用(m³),平均运距 30m				远运利用(m³),平均运距 1.35km			
松土	普通土	硬土	次坚石	松土	普通土	硬土	次坚石
10000	30000	5000	5000	40000	120000	60000	40000

清表及填前压实工程量见表 3-7-3。

表 3-7-3

里程	长度(m)	清表回填(m³)		填前压实	
		挖除表土	回填土	面积(m²)	沉降土方(m³)
……					
合计		30000	30000	100000	15000

问题:

1. 假定挖方均可适用于路基填方,计算本项目路基断面方、挖方、利用方、借方、填土方总数量和弃方数量。

2. 假定借土运距 3.7km,列出编制本项目土石方工程施工图预算所需的全部工程细目名称、单位、定额代号及数量等内容,并填入表格中,需要时应列式计算。弃方运距 2km。

计算结果保留整数。

分析要点:

本案例主要考核关于土石方数量的几个概念性问题以及相互之间的关系,天然密实方与压实方之间的关系;根据工程量套用定额,要求对土石方工程量的计算及土石方施工的相关工序较熟悉,确保不漏项。

设计断面方 = 挖方(天然密实方) + 填方(压实方)。

计价方 = 挖方(天然密实方) + 填方(压实方) – 利用方(压实方)
       = 挖方(天然密实方) + 借方(压实方)。

借方 = 填方(压实方) – 利用方(压实方)。

弃方 = 挖方(天然密实方) – 利用方(天然密实方)。

参考答案:

问题 1:

(1)断面方数量:50000 + 150000 + 65000 + 45000 + 420000 = 730000(m³)。

(2)挖方数量:50000 + 150000 + 65000 + 45000 = 310000(m³)。

(3)利用方数量,根据背景条件计算得到挖方数量和利用方(天然密实方)数量相等,因此得到利用方数量:

土:50000 ÷ 1.23 + 150000 ÷ 1.16 + 65000 ÷ 1.09 = 229594(m³)。

石:45000 ÷ 0.92 = 48913(m³)。

合计:229594 + 48913 = 278507(m³)。

(4) 借方数量：$420000 + 30000 + 15000 - 278507 = 186493(m^3)$。

(5) 填土方总数量：$229594 + 186493 = 416087(m^3)$。

(6) 弃方数量：由于挖方全部利用，故弃方数量为0。

问题2：

整修路拱数量：$20000 \times 12 = 240000(m^2)$。

施工图预算计算数据见表3-7-4。

表3-7-4

工程细目		定额代号	定额单位	定额数量	定额调整或系数
清除表土	135kW以内推土机清除表土	1-1-1-12	100m³	300.0	
	12t以内自卸汽车运土第一个1km	1-1-11-7	1000m³	30.0	
	12t以内自卸汽车运土每增运0.5km（平均运距5km以内）	1-1-11-8	1000m³	30.0	×2
填前压实	填前12~15t光轮压路机压实	1-1-5-4	1000m²	100.0	
挖土（本桩利用）	165kW以内推土机推松土第一个20m	1-1-12-17	1000m³	10.0	
	165kW以内推土机推普通土第一个20m	1-1-12-18	1000m³	30.0	
	165kW以内推土机推硬土第一个20m	1-1-12-19	1000m³	5.0	
	165kW以内推土机推土每增运10m	1-1-12-20	1000m³	45.0	
挖土（远运利用）	2.0m³以内挖掘机挖装松土	1-1-9-7	1000m³	40.0	
	2.0m³以内挖掘机挖装普通土	1-1-9-8	1000m³	120.0	
	2.0m³以内挖掘机挖装硬土	1-1-9-9	1000m³	60.0	
	12t以内自卸汽车运土第一个1km	1-1-11-7	1000m³	220.0	
	12t以内自卸汽车运土每增运0.5km（平均运距5km以内）	1-1-11-8	1000m³	220.0	
挖石	机械打眼开炸次坚石	1-1-14-5	1000m³	45.0	
	165kW以内推土机推次坚石第一个20m	1-1-12-38	1000m³	5.0	
	165kW以内推土机推次坚石每增运10m	1-1-12-41	1000m³	5.0	
	2.0m³以内装载机装次坚石	1-1-10-8	1000m³	40.0	
	12t以内自卸汽车运石第一个1km	1-1-11-21	1000m³	40.0	
	12t以内自卸汽车运石每增运0.5km	1-1-11-22	1000m³	40.0	

续上表

	工程细目	定额代号	定额单位	定额数量	定额调整或系数
借方	2.0m³以内挖掘机挖装普通土	1-1-9-8	1000m³	186.493	×1.19
	12t以内自卸汽车运土第一个1km	1-1-11-7	1000m³	186.493	×1.19
	12t以内自卸汽车运土每增运0.5km	1-1-11-8	1000m³	186.493	×1.19×5
压实	二级公路填方路基15t以内振动压路机碾压土方	1-1-18-9	1000m³	416.087	
	二级公路填方路基15t以内振动压路机碾压石方	1-1-18-16	1000m³	48.913	
路拱	机械整修路拱	1-1-20-1	1000m²	240.0	
边坡	整修二级及以上等级公路边坡	1-1-20-4	1km	20.0	

注：推土机选用90~240kW、装载机选用1~3m³、挖掘机选用0.6~2m³、汽车选用8~20t均可，但需注意机械匹配。

案例 3-8

某三级公路路基长35km，路基宽8.5m，其路基土石方设计资料见表3-8-1。

表 3-8-1

项目名称	单位	数量	附注
本桩利用土方	m³	24000	普通土
远运利用土方	m³	56000	普通土，运距1500m
借土方	m³	680000	普通土，运距3000m
填土方	m³	760000	

注：挖方全部利用，填方为压实方。

问题：

1. 根据上述资料，计算路基设计断面方、计价方数量。
2. 列出编制本项目土石方工程施工图预算所需的全部工程细目名称、单位、定额代号及数量等内容，并填入表格中，需要时应列式计算。

分析要点：

本案例考核关于土石方的概念及相互之间的关系。
根据给定的工程量，分析发现：
填土方（760000m³）= 利用方（24000m³ + 56000m³）+ 借方（680000m³），说明土方是平衡的，也就是说已知条件给定的工程量均为压实方。

参考答案：

问题1：

设计断面方数量 = 挖土方数量 + 填方数量；

挖土方数量：$(24000+56000)\times1.05=84000(m^3)$；

填方数量：$760000(m^3)$；

设计断面方数量：$84000+760000=844000(m^3)$。

计价方数量 = 挖土方（天然密实方） + 借方（压实方） = 断面方 – 利用方

$= 84000+680000=764000(m^3)$ 或 $844000-24000-56000=764000(m^3)$。

问题2：

路拱数量：$35000\times8.5=297500(m^2)$。

施工图预算计算数据见表3-8-2。

表3-8-2

工程细目		定额代号	定额单位	定额数量	定额调整或系数
挖土（本桩利用）	165kW以内推土机推普通土第一个20m	1-1-12-18	$1000m^3$	24.0	×1.05
挖土（远运利用）	$2.0m^3$以内挖掘机挖装普通土	1-1-9-8	$1000m^3$	56.0	×1.05
	12t以内自卸汽车运土第一个1km	1-1-11-7	$1000m^3$	56.0	×1.05
	12t以内自卸汽车运土每增运0.5km	1-1-11-8	$1000m^3$	56.0	×1.05
借方	$2.0m^3$以内挖掘机挖装普通土	1-1-9-8	$1000m^3$	680.0	×1.08
	12t以内自卸汽车运土第一个1km	1-1-11-7	$1000m^3$	680.0	×1.08
	12t以内自卸汽车运土每增运0.5km	1-1-11-8	$1000m^3$	680.0	×1.08×4
压实	三、四级公路填方路基10t以内振动压路机碾压土方	1-1-18-11	$1000m^3$	760.0	
路拱	机械整修路拱	1-1-20-1	$1000m^2$	297.5	
边坡	整修三、四级公路边坡	1-1-20-6	1km	35.0	

注：推土机选用90～240kW，装载机选用1～3m³，挖掘机选用0.6～2m³，汽车选用8～20t均可，但需注意机械匹配。

案例3-9

某公路施工图设计路面基层为36cm厚（5%）水泥稳定碎石，底基层为20cm厚（5:15:80）石灰粉煤灰砂砾。其中某标段路线长30km，基层数量为771780m²，底基层数量为780780m²，要求采用集中拌和施工。根据施工组织设计，在距路线两端1/3处各有一块比较平坦的场地，上路距离200m，底基层与基层的施工期计划为6个月（不含拌和站安拆时间），拌和站场地占地不考虑。每月有效工作时间按22天,每天工作时间按10h计算,设备利用率按0.85考虑。

问题:

请按不同的结构分别列出本标段路面工程造价所涉及的相关定额的名称、单位、定额代号、数量等内容,并填入表格中。需要时应列式计算。

分析要点:

本案例主要考核根据工程量套用定额,要求对路面底基层、基层施工的相关工序熟悉,确保不漏项。水泥稳定碎石基层干密度$2.3t/m^3$,石灰粉煤灰砂砾干密度$2.0t/m^3$[见《公路工程预算定额》(JTG/T 3832—2018)下册1211页附录一]。

参考答案:

(1)基层、底基层混合料拌和设备设置数量的计算。

底基层体积:$780780 \times 0.2 = 156156(m^3)$;

基层体积:$771780 \times 0.36 = 277841(m^3)$;

混合料质量:$156156 \times 2 \times 1.01 + 277841 \times 2.3 \times 1.01 = 960859.76(t)$。

根据施工工期安排,要求在6个月内完成路面基层和底基层的施工,路面面积较大,宜采用大功率设备,假定采用500t/h拌和设备,每天施工10h,每月有效工作时间22天,设备利用率为0.85,则需要的拌和设备数量为$960859.76 \div (500 \times 10 \times 0.85 \times 22 \times 6) = 1.71$(台)。

应设置2台拌和能力500t/h的拌和设备。

(2)基层(底基层)混合料综合平均运距。

沿线应设基层(底基层)稳定土拌和场两处,每处安装500t/h稳定土拌和设备1台。其混合料综合平均运距为:$5 \times 20 \div 30 + 2.5 \times 10 \div 30 + 0.2 = 4.37(km)$,按4.5km考虑。

路面施工图预算计算数据见下表。

表 3-9-1

工程细目		定额代号	定额单位	定额数量	定额调整或系数
设备安拆	稳定土厂拌设备安拆(500t/h以内)	2-1-10-6	1座	2	
底基层混合料拌和	厂拌石灰:粉煤灰:砂砾(5:15:80)压实厚度20cm	2-1-7-29	1000m²	780.78	拌和设备抽换为500t/h
混合料运输	20t以内自卸汽车运稳定土第一个1km	2-1-8-9	1000m³	156.156	
	20t以内自卸汽车运稳定土每增运0.5km(运距15km以内)	2-1-8-10	1000m³	156.156	×7
摊铺	12.5m以内摊铺机铺筑底基层混合料	2-1-9-12	1000m²	780.78	
基层混合料拌和	厂拌水泥碎石稳定土(5%)压实厚度20cm	2-1-7-5	1000m²	771.78	拌和设备抽换为500t/h
	厂拌水泥碎石稳定土(5%)每增减1cm	2-1-7-6	1000m²	771.78	拌和设备抽换为500t/h,16

续上表

工程细目		定额代号	定额单位	定额数量	定额调整或系数
混合料运输	20t 以内自卸汽车运稳定土第一个 1km	2-1-8-9	1000m³	277.841	
	20t 以内自卸汽车运稳定土每增运 0.5km	2-1-8-10	1000m³	277.841	×7
摊铺	12.5m 以内摊铺机铺筑基层混合料	2-1-9-11	1000m²	771.78	分层碾压,调整设备和人工耗量

注:各类稳定土基层、级配碎石、级配砾石基层的压实厚度在 20cm 以内。超过上述厚度应进行分层拌和、摊铺、碾压时,拖拉机、平地机、摊铺机和压路机的台班小号按定额数量加倍计算,每 1000m³ 压实增加 1.5 个工日。

案例 3-10

某三级公路沥青混凝土路面项目,路基段长 35km,路基宽 8.5m,行车道宽 7m。路面结构:上面层为 4cm 中粒式沥青混凝土,下面层为 5cm 粗粒式沥青混凝土,基层为 20cm 水泥稳定砂砾(外购商品水稳料),垫层为 25cm 砂砾(基层、垫层宽度 7.5m),透层、黏层采用乳化沥青。沥青混合料拌和站(平丘区)设在路线中点,上路距离 600m。路面工期 6 个月。施工单位自有的沥青混合料拌和设备拌和能力为 160t/h,每天施工按 8h 计算,设备利用率为 0.8,每月有效工作天数为 22 天。

问题:

根据上述资料列出本项目路面工程施工图预算所涉及的工程细目名称、定额代号、单位、工程数量等内容,并填入表格中。需要时应列式计算或用文字说明。

分析要点:

本案例主要考核根据工程量套用定额,要求对路面工程施工的相关工序较熟悉,确保不漏项。

参考答案:

(1)路面工程数量的计算。

基层、垫层、透层数量:35000×7.5=262500(m²)。

黏层数量:35000×7.0=245000(m²)。

面层沥青混料合数量:

粗粒式:35000×7.0×0.05=12250(m³);

中粒式:35000×7.0×0.04=9800(m³)。

合计:12250+9800=22050(m³)。

合计质量:12250×2.377×1.02+9800×2.37×1.02=53391.14(t)。

(2)混合料拌和设备设置数量的计算。

根据题目中给定的条件,路面基层采用外购商品水稳料,不需要设置集中拌和设备,因此,仅需要设置面层沥青混合料拌和设备。

假定设置的拌和能力为160t/h,每天施工8h,设备利用率为0.8,每月有效工作时间22天,拌和设备安装可在基层施工期间提前安排,不占关键线路工期,则:53391.14÷(160×8×0.8×22)=2.37,设置1处拌和站,路面面层可以在3个月内完成施工,能保证总工期。

(3)混合料综合平均运距。

本项目设置拌和站1处,假定设置在路线的中点,其混合料综合平均运距为:35÷2÷2+0.6=9.35,按9.5km考虑。

路面施工图预算计算数据见下表。

表 3-10-1

工程细目		定额代号	定额单位	定额数量	定额调整或系数
砂砾垫层	砂砾压实厚度15cm	2-1-1-12	1000m²	262.5	分层碾压,调整设备和人工耗量
	每增减1cm	2-1-1-17	1000m²	262.5	×10
水泥稳定砂砾	宽度7.5m以内摊铺机铺筑基层	2-1-9-7	1000m²	262.5	
	水泥砂砾(商)	1515003	m³	52500	×1.01
	乳化沥青半刚性基层透层	2-2-16-4	1000m²	262.5	
	乳化沥青层黏层	2-2-16-6	1000m²	245	
混合料拌和	粗粒式	2-2-11-4	1000m³	12.25	
	中粒式	2-2-11-11	1000m³	9.8	
混合料运输	20t以内自卸汽车运混合料第一个1km	2-2-13-9	1000m³	22.05	
	20t以内自卸汽车运混合料每增运0.5km	2-2-13-10	1000m³	22.05	×17
摊铺	粗粒式	2-2-14-42	1000m³	12.25	
	中粒式	2-2-14-43	1000m³	9.8	
设备安拆	设备安拆(160t/h以内)	2-2-15-4	1座	1	

注:表中1515003为水泥砂砾(商)的材料代码。

案例3-11

某高速公路沥青混凝土路面,其设计面层分别为上面层:5cm厚细粒式改性沥青混凝土;中面层:6cm厚中粒式改性沥青混凝土;下面层:7cm厚粗粒式沥青混凝土。半刚性基层上设乳化沥青透层,沥青混凝土层间设乳化沥青黏层。该路段长28km,路面宽26m,其中进口段里程0~160m,路面平均宽度为100m,拌和站设在该路段中间,距高速公路1km处(平丘区,无路),施工工期为6个月,采用集中拌和自卸汽车运输、机械摊铺。可供选择的拌和站为240t/h、320t/h、380t/h沥青混合料拌和设备,拌和场地征地不考虑。按每月有效工作时间22天、每天施工8h计算,设备利用率按0.85考虑,便道修筑按10天计,设备安拆按20天计。

问题：

请列出本路段路面工程施工图预算所涉及的相关定额名称、单位、定额代号、数量等内容，填入表中，列式计算工程量。工程量计算结果保留到整数。

分析要点：

本案例考核路面工程量计算，拌和设备选型，根据工程量套用定额，综合平均运距计算。

参考答案：

（1）工程数量的计算。

①路面面积：$(28000 - 160) \times 26 + 160 \times 100 = 739840 (m^2)$。

②各面层体积：

下层（粗粒式）：$739840 \times 0.07 = 51789 (m^3)$；

中层（中粒式）：$739840 \times 0.06 = 44390 (m^3)$；

上层（细粒式）：$739840 \times 0.05 = 36992 (m^3)$；

合计：$51789 + 44390 + 36992 = 133171 (m^3)$。

③沥青混合料质量：$51789 \times 2.377 \times 1.02 + 44390 \times 2.374 \times 1.02 + 36992 \times 2.366 \times 1.02 = 322327.53 (t)$。

（2）混合料拌和设备设置数量的计算。

根据施工工期安排，要求在 6 个月内完成路面面层的施工，假定设置 240t/h 拌和设备，每天施工 8h，设备利用率为 0.85，每月有效工作时间 22 天，便道修筑和拌和设备安拆需 1 个月，则需要的拌和设备数量为：$322327.53 \div [240 \times 8 \times 0.85 \times 22 \times (6 - 1)] = 1.8$，应设置 2 台拌和设备。

如采用 380t/h 拌和设备，需要的拌和设备数量为：$322327.53 \div [380 \times 8 \times 0.85 \times 22 \times (6 - 1)] = 1.13$，也需设置 2 台拌和设备。

从经济角度，设置 2 台 240t/h 拌和设备更经济，故应设置 240t/h 拌和设备 2 台。

（3）混合料综合平均运距。

①各段混合料数量：

面层总厚度：$0.05 + 0.06 + 0.07 = 0.18 (m)$。

$14000 \times 26 \times 0.18 = 65520 (m^3)$。

$(14000 - 160) \times 26 \times 0.18 = 64771 (m^3)$。

$160 \times 100 \times 0.18 = 2880 (m^3)$。

混合料总数量：$65520 + 64771 + 2880 = 133171 (m^3)$。

②各段中心运距：

对应于上述三段的中心运距分别为：

$14 \div 2 = 7 (km)$。

$(14 - 0.16) \div 2 = 6.92 (km)$。

$0.16 \div 2 + (14 - 0.16) = 13.92 (km)$。

③综合平均运距：

总运量：$65520 \times 7 + 64771 \times 6.92 + 2880 \times 13.92 = 946945（m^3 \cdot km）$。

综合平均运距：$946945 \div 133171 = 7.11（km）$。

根据题目中给定的条件，拌和站距高速公路有 1km 的便道，因此，路面沥青混合料的实际综合平均运距为：$7.11 + 1 = 8.11（km）$，根据定额中关于运距的规定，本项目应按 8km 计算。

（4）临时便道。

根据题目中给定的条件，拌和站设在距高速公路 1km（平丘区，无路）的位置。应考虑临时便道和养护。

路面施工图预算计算数据见下表。

表 3-11-1

工程项目		定额代号	单位	数量	定额调整或系数
乳化沥青半刚性基层透层		2-2-16-4	1000m²	739.84	×1.03
乳化沥青层黏层		2-2-16-6	1000m²	1479.68	
沥青混凝土拌和	粗粒式	2-2-11-5	1000m³	51.789	
	中粒式改性	2-2-11-31	1000m³	44.390	
	细粒式改性	2-2-11-36	1000m³	36.992	
20t 内自卸汽车运输混合料	第一个 1km	2-2-13-9	1000m³	133.171	
	每增运 0.5km	2-2-13-10	1000m³	133.171	×14
沥青混凝土铺筑	粗粒式	2-2-14-46	1000m³	51.789	
	中粒式	2-2-14-47	1000m³	44.390	
	细粒式	2-2-14-48	1000m³	36.992	
沥青混凝土拌和设备安拆（240t/h）		2-2-15-5	座	2	
临时便道		7-1-1-1	1km	1	
临时便道路面		7-1-1-5	1km	1	
临时便道养护		7-1-1-7	km·月	5.67	

案例 3-12

某一级公路，路面结构形式及数量见下表，水稳料和混凝土采用商品水稳料和商品混凝土。

表 3-12-1

路面结构形式	单位	数量
4%水泥稳定碎石底基层 18cm 厚	m²	13200
5%水泥稳定碎石基层 28cm 厚	m²	12977
水泥混凝土面层 25cm 厚（抗折强度 5.0MPa）	m²	12977

问题：

列出路面工程施工图预算所涉及的相关定额的名称、单位、定额代号及数量、费率等内容，并填入表格中。

分析要点:

本案例主要考核水稳底基层、基层、混凝土路面施工的相关工序,确保不漏项。考核商品水稳料、商品混凝土的取费,并根据已知条件对定额进行抽换。

参考答案:

本项目在计价时,应注意商品水稳料、商品混凝土取费的规定,即商品混凝土本身不参与其他工程费及间接费的计算,只计取利润和税金;而商品水稳料、商品混凝土的铺筑则应按构造物Ⅲ的费率计费,而不是按路面的费率计费。

路面施工图预算计算数据见表3-12-2。

表3-12-2

工程细目		定额代号	单位	数量	取费类别	定额调整或系数
4%水泥稳定碎石底基层18cm厚	4%水泥碎石(商)	1515004	m³	2376	利润和税金	×1.01
	宽度12.5m以内摊铺机铺筑底基层	2-1-9-12	1000m²	13.200	构造物Ⅲ	
5%水泥稳定碎石基层28cm厚	5%水泥碎石(商)	1515036	m³	3633.56	利润和税金	×1.01
	宽度12.5m以内摊铺机铺筑基层	2-1-9-11	1000m²	12.977	构造物Ⅲ	分层碾压,调整设备和人工耗量
水泥混凝土面层25cm厚(抗折强度5.0MPa)	摊铺机铺筑混凝土路面厚度20cm	2-2-17-3	1000m²	12.977	构造物Ⅲ	普通混凝土换为商品混凝土
	摊铺机铺筑混凝土路面厚度每增减1cm	2-2-17-4	1000m²	12.977	构造物Ⅲ	×5,普通混凝土换为商品混凝土

注:表中1515036为5%水泥碎石(商)的材料代码,该材料为新增材料。

案例 3-13

某盖板涵工程,孔径2m,涵台高2.25m,涵台宽0.65m,整体式基础,涵长54m。每4m设一道沉降缝,与八字墙接头处需设沉降缝,涵台身和盖板涂沥青防水。进出口不计。混凝土现场拌制,盖板在预制场预制,运距2km。弃方运输不计。其施工图设计主要工程量见表3-13-1。

表3-13-1

项目	单位	工程量
基坑土方	m³	1300
C25混凝土基础	m³	160
C25混凝土台墙	m³	159
C25混凝土帽石	m³	0.5
C30预制混凝土矩形板	m³	44.3

续上表

项 目	单 位	工 程 量
矩形板光圆钢筋	kg	500
矩形板带肋钢筋	kg	6477

问题:

1. 简述盖板涵工程中防水层及沉降缝工程量的计算方法。
2. 请根据上述资料列出本涵洞工程施工图所涉及的相关定额的名称、单位、定额代号、数量等内容,并填入表格中,需要时应列式计算。

分析要点:

本案例主要考核涵洞工程的相关工序及附属工程数量的计算,确保不漏项。

参考答案:

问题1:

(1) 防水层:数量为 $54 \times (2.25 \times 2 + 0.65 \times 2 + 2) = 421.2(m^2)$。

(2) 沉降缝:按平均4m间距设置一道沉降缝,台身、基础设置,按台身、基础截面面积计算,则数量为 $54 \div 4 + 1 = 14.5$,按14道计算。(按定额释义,以圬工砌体截面面积计算)

基础的平均截面面积: $160 \div 54 = 2.96(m^2)$。

沉降缝面积: $14 \times (2.25 \times 2 \times 0.65 + 2.96) = 82.39(m^2)$。

问题2:

混凝土拌和量: $(160 + 159 + 0.5) \times 1.02 + 44.3 \times 1.01 = 370.6(m^3)$。

涵洞工程施工图预算计算数据见表3-13-2。

表3-13-2

工程项目	定额代号	单位	数量	定额调整或系数
斗容量1.0m³以内挖掘机挖基坑	4-1-3-3	1000m³	1.3	
轻型墩台混凝土基础跨径4m以内(C25混凝土基础)	4-6-1-1	10m³	16	C15混凝土调整为C25
轻型墩台混凝土跨径4m以内(C25混凝土台墙)	4-6-2-2	10m³	15.9	C20混凝土调整为C25
混凝土墩、台帽非泵送	4-6-3-1	10m³	0.05	C30混凝土调整为C25
预制矩形板混凝土(跨径4m以内)	4-7-9-1	10m³	4.43	
装载质量10t以内载货汽车第一个1km(汽车式起重机装卸)	4-8-3-10	100m³	0.443	+(4-8-3-14)×2
起重机安装矩形板	4-7-10-1	10m³	4.43	
现场加工预制矩形板钢筋	4-7-9-3	1t	6.977	调整钢筋比例分别为 0.073∶0.952

续上表

工程项目	定额代号	单位	数量	定额调整或系数
涂沥青（防水层）	4-11-4-5	10m²	42.12	
沥青麻絮沉降缝	4-11-1-1	10m²	8.24	
容量350L以内混凝土搅拌机拌和	4-11-11-2	10m³	37.06	

案例 3-14

某大桥桥宽 26m，与路基同宽。桥长 1216m，两岸各接线 500m，地势较为平坦（土石方填挖计入路基工程，预制场建设不考虑土石方的填挖）。桥梁跨径 12×30m+6×40m+20×30m，为先简支后连续预应力混凝土 T 形梁结构，每跨布置预制 T 形梁 14 片。其中 30m 预应力 T 形梁梁高 180cm、底宽 40cm、顶宽 160cm，40m 预应力 T 形梁梁高 240cm、底宽 50cm、顶宽 160cm。T 形梁预制、安装工期均按 8 个月计算，预制安装存在时间差，按 1 个月考虑。吊装设备考虑 1 个月安拆时间，每片梁预制周期按 10 天计算。施工组织设计提出 20m 跨度，12m 高跨墩门架机每套质量 43.9t（每套 2 台）。40m 梁双导梁架桥机全套质量 165t。混凝土拌和站离桥尾 2.1km，预制梁混凝土采用泵送施工。上部结构的主要工程量见表 3-14-1。

表 3-14-1

工程项目		单位	数量	备注
40m 预制 T 形梁	C50 混凝土	m³	2520	
	光圆钢筋	t	50.4	
	带肋钢筋	t	403.2	
	钢绞线	t	92.4	OVM 锚 15-7：672 套
30m 预制 T 形梁	C50 混凝土	m³	8960	
	光圆钢筋	t	179.2	
	带肋钢筋	t	1433.6	
	钢绞线	t	289.9	OVM 锚 15-7：3136 套
湿接缝	C50 混凝土	m³	784	
	光圆钢筋	t	23.52	
	带肋钢筋	t	141.12	
	钢绞线	t	137.9	长度 20m 内，BM 锚 15-5：3920 套

问题：

请列出该桥梁工程上部结构施工图预算所涉及的相关定额的名称、单位、定额代号、数量、定额调整等内容，并填入表格中，需要时请列式计算或用文字说明。

分析要点：

本案例主要考核桥梁工程施工中辅助工程的计算。

参考答案:

(1) 预制底座计算:

预制 30m 预应力 T 形梁数量:$(12+20)\times14=448$(片);

预制 40m 预应力 T 形梁数量:$6\times14=84$(片)。

T 形梁的预制工期为 8 个月,每片梁预制需用 10 天时间,所以需要底座的数量为:

30m T 形梁底座:$448\times10\div8\div30=18.7$(个),取 19 个;

40m T 形梁底座:$84\times10\div8\div30=3.5$(个),取 4 个。

底座面积:$19\times(30+2)\times(1.6+1)+4\times(40+2)\times(1.6+1)=2017.6(m^2)$。

(2) 吊装设备:

桥梁两端地势较为平坦,可作为预制场,因此考虑就近建设预制场于桥尾端路基上。考虑运梁及安装,底座方向按顺桥向布置,40m T 形梁底座在前,30m T 形梁底座在后,每排 4 个,净间距 2.5m,排列宽度为 $4\times2.6+3\times2.5=17.9(m)$。门式起重机采用 20m 跨度,12m 高,布置 2 套。架桥机按 40m 梁考虑,采用双导梁架桥机。

因预制、安装存在 1 个月的时间差,再考虑 1 个月安拆时间,龙门架的设备摊销时间按 10 个月计算,定额中设备摊销费调整为 14000 元,架桥机的设备摊销时间按 9 个月计算,定额中设备摊销费调整为 16200 元。

(3) 临时轨道及其他:

存梁区长度考虑 80m,因此预制场的长度为:$32\times5+42+7\times2.5+80=299.5(m)$,取 300m。

采用运梁车运梁,桥上不考虑临时轨道。

(4) 预制构件的平均运输距离:

①30m T 形梁:

单片质量:$8960\div448\times2.5=50(t)$;

平均运距:$[(20\times30\div2)\times20+(20\times30+6\times40+12\times30\div2)\times12]\div(20+12)=570(m)$。

②40m T 形梁:

单片质量:$2520\div84\times2.5=75(t)$;

平均运距:$20\times30+6\times40\div2=720(m)$。

(5) 预应力钢绞线每吨束数:

40m 以内:$(672+3136)\div2\div(92.4+289.9)=4.98$(束/t);

$4.98-3.82=1.16$(束/t)。

16m 以内:$3920\div2\div137.9=14.21$(束/t);

$14.21-16.21=-2$(束/t)。

(6) 计算混凝土拌和数量:

$(8960+2520)\times1.02+784\times1.02=12509.3(m^3)$。

(7) 定额选用及数量:

桥梁工程施工图预算计算数据见表 3-14-2。

表 3-14-2

工程细目		定额代号	单位	数量	定额调整或系数
T形梁预制	预制T形梁混凝土泵送	4-7-14-2	10m³	1148.0	
	现场加工预制预应力T形梁钢筋	4-7-14-3	1t	2231.04	增加光圆钢筋,光圆、带肋钢筋比例调为 0.116:0.909
T形梁安装	双导梁安装T形梁	4-7-14-9	10m³	1148.0	
钢绞线	40m内 预应力钢绞线束长40m以内7孔每吨3.82束	4-7-19-17	1t	382.3	
	40m内 预应力钢绞线束长40m以内7孔每增减1束	4-7-19-18	1t	382.3	×1.16
	16m内 预应力钢绞线束长16m以内4孔每吨16.21束	4-7-19-45	1t	137.9	锚具换为5孔
	16m内 预应力钢绞线束长16m以内4孔每增减1束	4-7-19-46	1t	137.9	×(-2),锚具换为5孔
出坑堆放	轨道平车运输卷扬机牵引第一个50m龙门架装车(构件质量50t以内)30m梁	4-8-2-5	100m³	89.6	
	轨道平车运输卷扬机牵引第一个50m龙门架装车(构件质量80t以内)40m梁	4-8-2-6	100m³	25.2	
30m梁运输	龙门架装车运梁车运输第一个1km(构件重量100t以内)	4-8-7-1	100m³	89.6	
40m梁运输	龙门架装车运梁车运输第一个1km(构件重量100t以内)	4-8-7-1	100m³	25.2	
湿接缝	预制安装预应力T形梁现浇接缝混凝土	4-7-14-10	10m³	78.4	
混凝土搅拌运输	生产能力60m³/h以内混凝土拌和站(楼)拌和	4-11-11-15	100m³	125.093	
	运输能力8m³以内搅拌运输车运混凝土第一个1km	4-11-11-26	100m³	117.096	+(4-11-11-27)×2
	运输能力8m³以内搅拌运输车运混凝土第一个1km	4-11-11-26	100m³	7.997	+(4-11-11-27)×3
预制场	平面底座	4-11-9-1	10m²	201.76	
吊装设备	跨墩门架高16m	4-7-28-4	10t	8.78	设备摊销费调整为14000元
	双导梁	4-7-28-2	10t	16.5	设备摊销费调整为16200元
临时轨道	轨道铺设在路基上钢轨重32kg/m	7-1-4-3	100m	3.0	

案例 3-15

某5跨预应力混凝土连续梁桥,全桥长350m。0号台、5号台位于岸上,1~4号墩均在水中,水深5.0m,河床覆盖层软土厚度约1.0m(河床清淤数量不计)。桥台采用10根φ2.0m钻孔灌注桩,桩长30~40m;桥墩均采用6根φ2.5m钻孔灌注桩,桩长30~40m。承台尺寸为800cm×1850cm×300cm。施工组织考虑搭便桥进行施工(便桥费用此处不计),回旋钻机成孔,混凝土在岸上集中拌和、泵送施工,桩基、承台混凝土的平均泵送距离为250m。桥台钢护筒按单根长度3.5m计,桥墩钢护筒按单根长度10m计,钢套箱按150kg/m²计,桩基检测管不计,弃方运输不计。经统计,施工图所列主要工程数量见表3-15-1。

表 3-15-1

项 目		钻孔岩层统计(m)				C25水下混凝土 (m^3)	HRB400 钢筋(t)
		砂土	砂砾	软石	次坚石		
灌柱桩	桩径2.5m	92	629	135	32	4474.5	800.7
	桩径2.0m	81	562	117		2198	
承台		水中承台封底 C25水下混凝土(m^3)		C25承台混凝土 (m^3)		挖基(m^3)	HRB400 钢筋(t)
		888		1776		1020	234.72

注:本表中钻孔岩层统计根据地质柱状图结合桩基设计高度统计,表中未提供设计图数量。

问题:

请列出该桥基础工程施工图预算所涉及的相关定额名称、单位、定额代号、数量、定额调整等内容,并填入表中,需要时应列式计算或用文字说明。混凝土拌和站的安拆此处不考虑,统一在临时工程中考虑。

分析要点:

本案例主要考核桩基础的施工工艺过程与造价相关的临时工程及辅助工作,包括水中施工平台、钢套箱、钢护筒工程量的计算等。

参考答案:

(1)钻孔灌注桩钢护筒。

陆上桩,桩径2.0m的单根护筒长度按3.5m计,共20根。

质量:$20 \times 3.5 \times 0.919 = 64.33(t)$。

水中桩,桩径2.5m的单根护筒长度按10m计,共24根。

质量:$24 \times 10 \times 1.504 = 360.96(t)$。

(2)水中施工平台。

根据承台的平面尺寸,拟定水中施工平台平面尺寸为12m×22.5m。

面积:$12 \times 22.5 \times 4 = 1080(m^2)$。

(3)钻孔桩通过的土层及桩身混凝土。

一般施工图的工程数量表中不列钻孔的深度,土质情况根据地质柱状图统计,设计图一般不列。钻孔的总深度一般与桩长不相等。此处按题意所给数量直接使用。桩身混凝土一般在设计图的数量表中给出,预算时按桩长和桩径验算一下即可。

2m桩定额孔深计算:

平均入土深度:$(81+562+117) \div 20 = 38(m)$,护筒高度高出地面0.3m,定额孔深38.3m,定额取40m以内。

2.5m水中桩定额孔深计算:

根据题目中给定的资料,水中钻孔灌注桩平均入土深度:$(92+629+135+32) \div 24 = 37(m)$。

水深5m,钢护筒高出水面1~2m,定额孔深:$37+5+2=44(m)$,定额取60m以内。

(4)承台钢套箱。

按设计混凝土数量反算2.5m桩的桩长:$4474.5 \div (2.5^2 \times \pi \div 4) \div 24 = 37.98(m)$。

封底混凝土厚度:$888 \div (8 \times 18.5 \times 4 - 2.5 \times 2.5 \times \pi \div 4 \times 6 \times 4) = 1.87$。

即平均桩长比入土深度大1m,考虑封底混凝土厚度为1.87m,钢套箱底面低于河床面,应采用无底模钢套箱。

一般单壁钢套箱可按其表面积大约$150 kg/m^2$计,高度按施工水位增加0.5m计,入土深度根据地质情况确定,按1.0m计。

四套合计质量:$(8+18.5) \times 2 \times (5+1.0+0.5) \times 0.15 \times 4 = 206.7(t)$。

(5)混凝土运输。

泵送水平距离平均250m,定额综合距离100m,超过150m。

$100m^3$灌注桩需增加人工:$3 \times 1.08 = 3.24$(工日),混凝土输送泵增加:$3 \times 0.24 = 0.72$(台班)。

$100m^3$承台需增加人工:$3 \times 0.89 = 2.67$(工日),混凝土输送泵增加:$3 \times 0.16 = 0.48$(台班)。

(6)混凝土拌和。

$(4474.5 + 2198) \times 1.197 + (888 + 2608) \times 1.04 = 11622.8(m^3)$。

(7)定额选用及数量。

桥梁基础工程施工图预算计算数据见表3-15-2。

表3-15-2

工程细目		定额代号	单位	数量	定额调整或系数
钢护筒	干处埋设钢护筒	4-4-9-7	1t	64.330	
	5m以内水深埋设钢护筒	4-4-9-8	1t	360.96	
陆上钻孔,桩径2.0m,孔深40m	回旋钻机陆地上钻孔(砂土)	4-4-4-65	10m	8.1	
	回旋钻机陆地上钻孔(砂砾)	4-4-4-67	10m	56.2	
	回旋钻机陆地上钻孔(软石)	4-4-4-70	10m	11.7	

续上表

工程细目		定额代号	单位	数量	定额调整或系数
水上钻孔,桩径2.5m,孔深40m	回旋钻机水中平台上钻孔(砂土)	4-4-4-313	10m	9.2	
	回旋钻机水中平台上钻孔(砂砾)	4-4-4-315	10m	62.9	
	回旋钻机水中平台上钻孔(软石)	4-4-4-318	10m	13.5	
	回旋钻机水中平台上钻孔(次坚石)	4-4-4-319	10m	3.2	
水上泥浆循环系统		4-11-14-1	1套	4	
灌注桩混凝土回旋、潜水钻成孔(φ250cm以内,输送泵)		4-4-8-15	10m³	667.25	人工加0.324,混凝土泵加0.072
灌注桩主钢筋焊接连接		4-4-8-24	1t	800.7	钢筋抽换为HRB400
水深3~5m灌注桩桩基工作平台上下部		4-4-10-1	100m²	10.8	
无底模钢套箱		4-2-6-2	10t	20.67	
承台混凝土(输送泵封底)		4-6-1-11	10m³	88.8	人工加0.267,混凝土泵加0.048
承台混凝土(输送泵无底模)		4-6-1-10	10m³	177.6	人工加0.267,混凝土泵加0.048
现场加工承台钢筋		4-6-1-13	1t	234.72	钢筋抽换为HRB400
生产能力60m³/h以内混凝土拌和站(楼)拌和		4-11-11-15	100m³	116.603	
斗容量1.0m³以内挖掘机挖基坑		4-1-3-3	1000m³	1.02	

 案例 3-16

某高速公路有一处 1-5m×3m 钢筋混凝土盖板涵,涵台高 3.5m,涵台宽 0.8m,涵长 55m。每 5m 设一道沉降缝,与八字墙接头处需设沉降缝。涵台身和盖板涂沥青防水。进出口均为八字墙。混凝土集中拌和,拌和站与预制场设在同一位置,运距 1.5km,弃方运输不计。其施工图设计主要工程数量见表 3-16-1(预制盖板长度为 1m)。

表 3-16-1

项目	单位	工程量
C35 预制混凝土盖板	m³	126
盖板钢筋 HPB300	kg	3067
盖板钢筋 HRB400	kg	16352

— 81 —

续上表

项 目	单 位	工 程 量
台身 C20 混凝土	m³	308
台身基础 C20 混凝土	m³	385
预制帽石 C30 混凝土	m³	1.44
八字墙身 C20 混凝土	m³	17
八字墙基础 C20 混凝土	m³	2.15
开挖基坑土方	m³	820
M7.5 浆砌片石涵底铺砌	m³	47.5

问题：

请列出该涵洞工程施工图所涉及的相关定额的名称、单位、定额代号、数量等内容，并填入表格中，需要时应列式计算。

分析要点：

本案例主要考核涵洞工程的相关工序，确保不漏项。

参考答案：

(1) 防水层：数量为 $55 \times (3.5 \times 2 + 0.8 \times 2 + 5) = 748 (m^2)$。

(2) 沉降缝：平均 5m 间距设置一道沉降缝，与八字墙接头处设沉降缝，台身、基础设置，按截面积计算，则数量为 $55 \div 5 + 1 = 12$ (道)。

$12 \times (3.5 \times 2 \times 0.8 + 385 \div 55) = 151.2 (m^2)$。（按定额释义，以圬工砌体截面积计算）。

(3) 每块盖板质量：$126 \times 2.5 \div 55 = 5.7 (t)$，采用 8t 以内的载货汽车。

(4) 混凝土拌和量：$126 \times 1.01 + (308 + 385 + 17 + 2.15) \times 1.02 + 1.44 \times 1.01 \times 1.01 = 855.1 (m^3)$。

预制构件混凝土运输量：$126 \times 1.01 + 1.44 \times 1.01 \times 1.01 = 128.7 (m^3)$。

现浇构件混凝土运输量：$(308 + 385 + 17 + 2.15) \times 1.02 = 726.4 (m^3)$。

涵洞工程施工图预算计算数据见表 3-16-2。

表 3-16-2

工程细目	定额代号	单 位	数 量	定额调整或系数
预制矩形板混凝土（跨径 8m 内）	4-7-9-2	10m³	12.6	混凝土调整为 C35
装载质量 8t 以内载货汽车第一个 1km（汽车式起重机装卸）	4-8-3-9	100m³	1.26	
装载质量 8t 以内载货汽车每增运 0.5km	4-8-3-13	100m³	1.26	
起重机安装矩形板	4-7-10-1	10m³	12.6	
现场加工预制矩形板钢筋	4-7-9-3	1t	19.419	HPB300 钢筋调整为 0.162，HRB400 钢筋调为 0.863

续上表

工程细目	定额代号	单位	数量	定额调整或系数
轻型墩台混凝土跨径8m内(台身C20混凝土)	4-6-2-3	10m³	30.8	
轻型墩台基础混凝土跨径8m内(台身基础C20混凝土)	4-6-1-2	10m³	38.5	混凝土调整为C20
预制桥涵缘(帽)石混凝土钢模	4-7-25-2	10m³	0.144	×1.01,混凝土调整为C30
安装桥涵缘(帽)石	4-7-26-1	10m³	0.144	
装载质量8t以内载货汽车第一个1km(汽车式起重机装卸)	4-8-3-9	100m³	0.0144	×1.01
装载质量8t以内载货汽车每增运0.5km	4-8-3-13	100m³	0.0144	×1.01
轻型墩台混凝土(跨径8m内)	4-6-2-3	10m³	1.7	
轻型墩台基础混凝土(跨径8m内)	4-6-1-2	10m³	0.215	混凝土调整为C20
生产能力60m³/h以内混凝土拌和站(楼)拌和	4-11-11-15	100m³	8.551	
装载质量1t以内机动翻斗车运混凝土第一个100m(预制部分)	4-11-11-20	100m³	1.287	
运输能力6m³以内搅拌运输车运混凝土第一个1km(现浇部分)	4-11-11-24	100m³	7.264	+(4-11-11-25)
浆砌片石基础、护底、截水墙	4-5-2-1	10m³	4.75	
斗容量1.0m³以内挖掘机挖基坑	4-1-3-3	1000m³	0.82	
涂沥青(防水层)	4-11-4-5	10m²	74.8	
沥青麻絮沉降缝	4-11-1-1	10m²	15.12	

案例3-17

某桥梁基础为φ1.5m陆上灌注桩,平均桩长25m,共800m,其中砾石层长度占总长度的60%,其余均位于软石层,灌注桩钢筋采用HRB400钢筋,132.6t,每根桩基设置3根检测管,检测管每延米质量4kg,桩基所处地层地下水丰富。造价工程师编制的施工图预算见表3-17-1。

表3-17-1

工程细目		定额代号	单位	数量	定额调整或系数
人工挖孔孔深10m以内	砾石	4-4-1-1	10m³	84.8	
	软石	4-4-1-3	10m³	56.6	
挖孔桩混凝土(卷扬机配吊斗)		4-4-8-2	10m³	141.4	
灌注桩钢筋(焊接连接主筋)		4-4-8-24	1t	132.6	

问题：

请问该造价工程师编制的施工图预算数据文件存在哪些问题？根据你的理解改正这些问题，并按上表格式修改完善本桥桩基施工图预算数据文件(泥渣外运不计)。

分析要点：

本案例主要考核挖孔灌注桩工程的适用条件以及钻孔桩施工图预算包含的内容。

参考答案：

根据技术规范，在无地下水或有少量地下水，且较密实的土层和或风化岩层中，可采用人工挖孔桩。人工挖孔孔深不宜大于 15m。本桥桩基地下水丰富，含砾(卵)石层，桩长 25m > 15m，不应采用人工挖孔桩，可采用机械成孔施工。

以冲击钻机冲孔为例，编制施工图预算。

桩的根数：$1414 \div 0.75 \div 0.75 \div 3.142 \div 25 = 32$(根)。

钢护筒质量(按 3m 长计算)：$32 \times 3 \times 0.568 = 54.528$(t)。

砾石层桩基长度：$800 \times 60\% = 480$(m)。

软石层桩基长度：$800 \times (1 - 60\%) = 320$(m)。

1.5m 桩一般设 3 根检测管，检测管每延米质量为 4kg，检测管长度比桩长多 0.5m。检测管质量：$32 \times 3 \times 25.5 \times 4 \div 1000 = 9.792$(t)。

桩基施工图预算数据见表 3-17-2。

表 3-17-2

工程细目	定额代号	单 位	数 量	定额调整或系数
干处埋设钢护筒	4-4-9-7	1t	54.528	
冲击钻机冲孔(桩径 150cm 以内，孔深 30m 以内，砾石)	4-4-3-36	10m	48	
冲击钻机冲孔(桩径 150cm 以内，孔深 30m 以内，软石)	4-4-3-38	10m	32	
灌注桩混凝土冲击成孔(输送泵)	4-4-8-6	10m³	141.4	根据设计混凝土等级强度进行调整
灌注桩主钢筋焊接连接	4-4-8-24	1t	132.6	钢筋调整为 HRB400
灌注桩检测管	4-4-8-28	1t	9.792	
生产能力 60m³/h 以内混凝土拌和站拌和	4-11-11-15	100m³	14.14	×1.295
运输能力 6m³ 以内搅拌运输车运混凝土第一个 1km	4-11-11-24	100m³	14.14	×1.295，根据施工组织调整混凝土运距

案例 3-18

某高速公路有一处 φ150cm 的钢筋混凝土圆管涵,涵管壁厚为 15cm,涵长为 32.5m(13 × 2.5 = 32.5)。涵管外壁涂抹沥青防水层,管节接头沉降缝处外包 15cm 宽沥青油毡 2 层。其施工图设计的工程量见表 3-18-1。

表 3-18-1

涵 身		涵身基础		洞口(一字墙洞口)					挖土方
HPB300 钢筋	C30 混凝土	C15 混凝土	砂砾	C25 预制混凝土帽石	M7.5 浆砌片石端墙	M7.5 浆砌片石锥坡	M7.5 浆砌片石隔水墙与基础	砂浆勾缝	挖土方
kg	m³	m³	m³	m³	m³	m³	m³	m²	m³
2751	25	109	66	0.5	6	5	13	15	260

注:混凝土构件,60m³/h 拌和站全段集中设置,距预制场 1km,距本涵洞 1km,拌和站和预制场费用不考虑。弃方运输不计。

问题:

1. 简述圆管涵工程中防水层及沉降缝工程量的计算方法。
2. 请列出该涵洞工程造价所涉及的相关定额的名称、单位、定额代号、数量等内容,并填入表格中。需要时应列式计算。

分析要点:

本案例主要考核涵洞工程的施工工序,确保不漏项。

参考答案:

问题 1:

(1)涵管接头沥青麻絮填塞按涵管截面面积计算:$[(1.5+0.15 \times 2)^2 - 1.5^2] \div 4 \times \pi \times 12 = 9.33(m^2)$。(按定额释义伸缩缝面积,按圬工砌体截面面积计算)

(2)涵管涂防水层沥青:$1.8 \times \pi \times 32.5 = 183.78(m^2)$。

(3)沥青油毡(防水层):$1.8 \times \pi \times 0.15 \times 12 = 10.19(m^2)$。

问题 2:

每节涵管的质量:$25 \times 2.5 \div 13 = 4.81(t)$。

因此,管节运输选用载质量 6t 以内的载货汽车。

涵洞工程施工图预算数据见表 3-18-2。

表 3-18-2

工程细目	定额代号	单 位	数 量	定额调整或系数
斗容量 1.0m³ 以内挖掘机挖基坑土方	4-1-3-3	1000m³	0.26	
基础垫层填砂砾	4-11-5-1	10m³	6.6	
现浇圆管涵管座混凝土	4-7-5-5	10m³	10.9	

续上续

工程细目	定额代号	单位	数量	定额调整或系数
生产能力60m³/h以内混凝土拌和站拌和	4-11-11-15	100m³	1.09	×1.02
运输能力6m³以内搅拌运输车运混凝土第一个1km	4-11-11-24	100m³	1.09	+(4-11-11-25)×2,×1.02
预制圆管涵管径2.0m以内混凝土	4-7-4-2	10m³	2.5	
生产能力60m³/h以内混凝土拌和站拌和	4-11-11-15	100m³	0.25	×1.01
运输能力6m³以内搅拌运输车运混凝土第一个1km	4-11-11-24	100m³	0.25	×1.01
预制圆管涵钢筋	4-7-4-3	1t	2.751	
起重机安装圆管涵管径1.0m以上	4-7-5-4	10m³	2.5	
装载质量6t以内载货汽车第一个1km(汽车式起重机装卸)	4-8-3-8	100m³	0.25	
沥青麻絮沉降缝(涵管接头填塞)	4-11-1-1	10m²	0.933	
涂沥青(防水层)	4-11-4-5	10m²	18.378	
沥青油毡(防水层)	4-11-4-4	10m²	1.019	注:定额内容含两层
浆砌片石实体式台、墙	4-5-2-4	10m³	0.6	
浆砌片石锥坡、沟、槽、池	4-5-2-7	10m³	0.5	
浆砌片石基础、护底、截水墙	4-5-2-1	10m³	1.3	
预制桥涵缘(帽)石混凝土木模	4-7-25-1	10m³	0.05	×1.01
装载质量6t以内载货汽车第一个1km(汽车式起重机装卸)	4-8-3-8	100m³	0.005	×1.01
安装桥涵缘(帽)石	4-7-26-1	10m³	0.05	
生产能力60m³/h以内混凝土拌和站拌和	4-11-11-15	100m³	0.005	×1.01×1.01
运输能力6m³以内搅拌运输车运混凝土第一个1km	4-11-11-24	100m³	0.005	×1.01×1.01

案例3-19

某高速公路钢筋混凝土拱涵,标准跨径4m,涵台高3m,洞口为一字墙,涵洞长度为54m,拱部的断面为半圆形,厚度为35cm。拱部外表面涂沥青防水层。混凝土运距1km,弃方运输不计。其施工、设计图工程量见表3-19-1。

表3-19-1

项 目		单 位	工 程 量
挖基坑	土方(干处)	m³	500
	石方(干处)	m³	220
M7.5浆砌片石	基础	m³	600
	涵底、洞口铺砌	m³	80

续上表

项　目		单　位	工　程　量
M10 浆砌块石	台	m³	702
	墙	m³	98
2cm 厚 M10 水泥砂浆抹面		m²	60
C25 现浇混凝土帽石		m³	3
现浇拱	C25 混凝土	m³	129
	HR400 钢筋	t	18
砂砾垫层		m³	450

问题：

某造价工程师编制的施工图预算如表 3-19-2 所示，请问该造价文件中存在哪些问题？根据你的理解改正这些问题，并在表中补充修改，需要时应列式计算或说明。

表 3-19-2

工程细目		定额代号	单　位	工程量	定额调整或系数
挖基坑（干处）	土方	4-1-3-2	1000m³	0.5	
	石方	4-1-3-9	1000m³	0.22	
M7.5 浆砌片石	基础	4-5-2-1	10m³	60	
	涵底、洞口铺砌	4-5-2-1	10m³	8	
2cm 水泥砂浆抹面		4-11-6-17	100m²	0.6	
M10 浆砌块石台、墙		4-5-3-4	10m³	80	
混凝土帽石		4-6-3-1	10m³	0.3	
二铰肋拱混凝土		4-6-12-7	10m³	12.9	混凝土 C20 换为 C25
现浇拱钢筋		4-6-12-8	1t	18	
砂砾垫层		4-11-5-1	10m³	45	

分析要点：

本案例主要考核涵洞工程的施工工序，确保不漏项。

参考答案：

(1) 浆砌块石台、墙未将 M7.5 水泥砂浆抽换为 M10 水泥砂浆。
(2) 混凝土帽石未替换混凝土，漏混凝土拌和、运输。
(3) 拱涵拱圈混凝土定额套用二铰肋拱不合适，应按拱涵拱圈定额计价。钢筋定额相应调整。漏混凝土拌和、运输。
(4) 漏计拱涵拱盔及支架：$54 \times 4 = 216(m^2)$。
(5) 漏计防水层：应按半圆形拱外周弧长乘涵长计算，防水层采用涂沥青：$54 \times (4 + 0.35 \times$

$2) \times \pi \div 2 = 398.7(m^2)$。

(6)漏计沉降缝(计拱圈和台、基础):按平均 5m 设一道沉降缝,洞口为一字墙洞口,与涵身之间不需设置伸缩缝,故伸缩缝道数为:$54 \div 5 - 1 = 9.8$(道),按 10 道计算,填缝面积圬工砌体截面积计算。

涵台的平均截面积:$702 \div 54 \div 2 = 6.5(m^2)$。

基础的截面积:$600 \div 54 = 11.1(m^2)$。

拱圈的截面积:$[(4 + 0.35 \times 2)^2 - 4^2] \times \pi \div 4 \div 2 = 2.4(m^2)$。

沉降缝面积:$10 \times (6.5 \times 2 + 11.1 + 2.4) = 265(m^2)$。

(7)修改后的预算如下:

涵洞工程施工图预算数据见表 3-19-3。

表 3-19-3

工程细目		定额代号	单位	工程量	定额调整或系数
挖基坑(干处)	斗容量 0.6m³ 以内挖掘机挖基坑土方	4-1-3-2	1000m³	0.5	
	机械挖基坑石方	4-1-3-5	1000m³	0.22	
M7.5 浆砌片石	浆砌片石基础、护底、截水墙	4-5-2-1	10m³	60	
	浆砌片石基础、护底截水墙(涵底、洞口铺砌)	4-5-2-1	10m³	8	
水泥砂浆抹面(厚2cm)		4-11-6-17	100m²	0.6	
M10 浆砌块石实体式台、墙		4-5-3-4	10m³	80	M7.5 水泥砂浆抽换为 M10 水泥砂浆
混凝土墩、台帽非泵送		4-6-3-1	10m³	0.3	混凝土 C30 换为 C25
生产能力 60m³/h 以内混凝土拌和站拌和		4-11-11-15	100m³	0.3	×1.02
运输能力 6m³ 以内搅拌运输车运混凝土第一个 1km		4-11-11-24	100m³	0.3	×1.02
跨径 5m 以内拱涵拱圈混凝土		4-6-7-8	10m³	12.9	混凝土 C30 换为 C25
生产能力 60m³/h 以内混凝土拌和站拌和		4-11-11-15	100m³	1.29	×1.04
运输能力 6m³ 以内搅拌运输车运混凝土第一个 1km		4-11-11-24	100m³	1.29	×1.04
现场加工跨径 5m 以内拱涵钢筋		4-6-7-17	1t	18	调为 HRB400 钢筋
基础垫层填砂砾		4-11-5-1	10m³	45	
拱涵拱盔及支架跨径 4m 以内		4-9-1-2	100m²	2.16	
涂沥青(防水层)		4-11-4-5	10m²	39.87	
沥青麻絮沉降缝		4-11-1-1	10m²	26.5	

案例 3-20

某四车道高速公路,路基宽 26.00m,设计若干座单孔标准跨径 5.00m 的钢筋混凝土矩形板小桥。桥梁与路基同宽。其中有一座小桥,其上部构造行车道钢筋混凝土矩形板设计 C25 混凝土 62.40m^3、HRB400 钢筋 5.24t、台高 5.00m。10 座小桥设一处预制场,计 10000m^2,场中面积 30% 要铺筑厚 15cm 的砂砾垫层,20% 面积用 15cm 厚水泥混凝土硬化,作为构件预制底板。集中拌和站距预制场 1km,距本桥 9km。预制场至桥址运距 10km,用汽车运至安装地点。小桥水深 0.30m,埋直径 80cm 排水管 30m,筑岛填土 150m^3,浇 C15 混凝土 15cm 做支架基础。

问题:

分别就预制安装和现浇上部混凝土两种施工方法,列出桥梁上部矩形板施工图预算的工程细目、定额代号、定额单位、工程量及调整系数。

分析要点:

本案例主要考核矩形板桥上部构造在采用不同的施工方法时,工程造价的构成内容。其中支架立面积为跨径乘以台高等于 25m^2,定额有效宽度为 12m,支架实际宽度为 26+2=28(m),应调整定额乘系数 28÷12=2.33。

支架高度按照定额规定内插。

支架基础混凝土:$5 \times 28 \times 0.15 = 21(m^3)$。

预制场工程量不计,已含在施工场地费中。

参考答案:

两种施工方法的工程细目、工程量及定额代号见表 3-20-1 和表 3-20-2。

(1) 预制安装

表 3-20-1

工程细目	定额代号	单位	工程量	定额调整或系数
预制矩形板混凝土(跨径 8m 以内)	4-7-9-2	10m^3	6.24	混凝土 C30 换为 C25
现场加工预制矩形板钢筋	4-7-9-3	1t	5.24	调为 HRB400 钢筋
生产能力 60m^3/h 以内混凝土拌和站(楼)拌和	4-11-11-15	100m^3	0.624	×1.01
运输能力 6m^3 以内搅拌运输车运混凝土第一个 1km	4-11-11-24	100m^3	0.624	×1.01
起重机安装矩形板	4-7-10-1	10m^3	6.24	
装载质量 8t 以内载货汽车第一个 1km(手摇卷扬机装卸)	4-8-3-5	100m^3	0.624	
装载质量 8t 以内载货汽车每增运 0.5km(运距在 15km 以内)	4-8-3-13	100m^3	0.624	×18

(2) 现浇

表 3-20-2

工程细目	定额代号	单 位	工 程 量	定额调整或系数
现浇混凝土矩形板上部构造	4-6-8-1	10m³	6.24	混凝土 C30 换为 C25
现场加工现浇矩形板上部构造钢筋	4-6-8-4	1t	5.24	调为 HRB400 钢筋
生产能力 60m³/h 以内混凝土拌和站(楼)拌和	4-11-11-15	100m³	0.624	×1.02
运输能力 6m³ 以内搅拌运输车运混凝土第一个 1km	4-11-11-24	100m³	0.624	+(4-11-11-25)×16,×1.02
满堂式钢管支架高度 6m	4-9-3-8	10m²	2.5	×2.33,并调整支架高度
支架预压	4-9-6-1	10m³	6.24	
铺设混凝土排水管(ϕ800mm 以内)	1-3-5-16	100m	0.3	
拆除混凝土排水管(ϕ800mm 以内)	1-3-5-16	100m	0.3	不计材料费
机械筑岛填土	4-2-5-3	100m³ 筑岛实体	1.5	
基础混凝土垫层	4-11-5-6	10m³	2.1	混凝土 C10 换为 C15
破碎机挖清水泥混凝土面层	2-3-1-7	10m³	2.1	
装载质量 12t 以内自卸汽车运石第一个 1km(拆除弃方)	1-1-11-21	1000m³	0.021	根据弃方距离调整运距

注:基础混凝土垫层已含混凝土的拌和与运输。

案例 3-21

某桥梁下部结构设计为薄壁空心墩(横断面形式见图 3-21-1),墩身设计高度为 80m,拟采用翻模法施工,每次浇筑高度为 4m,每节施工周期为 7d。根据施工现场布置,混凝土输送泵设置在距桥墩 150m 的地方,混凝土采用集中拌和施工,混凝土拌和站距输送泵的距离为 2km。根据本工程所处地理位置的要求,混凝土的外观质量比一般结构要求高,需增加组合模板内衬板。据调查,工程所在地区的组合钢模内衬板的价格为 120 元/m²,一般可以连续使用 5 次,劲性骨架不考虑。

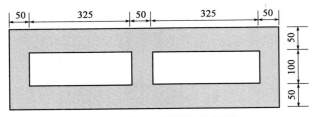

图 3-21-1 墩身横断面设计图(尺寸单位:cm)

问题:

根据上述基础资料,请列出该空心墩 C40 混凝土施工图预算所涉及的相关定额的名称、单位、定额代号、数量、定额调整等内容,并填入表格中,需要时应列式计算或文字说明(拌和站安拆不考虑)。

📖 分析要点：

本案例主要考核桥梁下部结构的施工工艺过程、下部结构定额的应用,以及下部结构施工所需的模板提升架等工程量的计算。

📖 参考答案：

(1)空心墩工程数量计算：

空心墩横断面长度：$0.5+3.25+0.5+3.25+0.5=8(m)$。

空心墩横断面宽度：$0.5+1.00+0.5=2(m)$。

空心墩混凝土数量的计算：$(8\times2-3.25\times1\times2)\times80=760(m^3)$。

空心墩施工工期的计算：$80\div4\div7\div30=4.7(月)$。

因泵送距离为150m,定额综合的水平泵送距离为50m,100m³空心墩混凝土需增加人工：$2\times1.97=3.94$(工日),混凝土输送泵增加：$2\times0.32=0.64$(台班)。

(2)空心墩钢模板内衬板费用计算：

$80\div4\div5=4$(套)。

$(8+2)\times2\times4\times4\times120=38400$(元)。

(3)空心墩施工辅助设施：

考虑到墩身高度达80m,为了保证施工安全,应配备施工电梯和塔式起重机各一台。使用期按施工期140d计算,考虑到施工中会有部分时间处于停用状态,因此,按150d计算,工程量见下表。

表3-21-1

工程细目	定额代号	单 位	工程量	定额调整或系数
混凝土空心墩泵送高度100m以内	4-6-2-43	10m³	76	人工加0.394,混凝土泵加0.064
混凝土内衬板费用增加		元	38400	
生产能力60m³/h以内混凝土拌和站(楼)拌和	4-11-11-15	100m³	7.6	×1.06
运输能力6m³以内搅拌运输车运混凝土第一个1km	4-11-11-24	100m³	7.6	×1.06
运输能力6m³以内搅拌运输车运混凝土增运0.5km	4-11-11-25	100m³	7.6	×1.06×2
安、拆高度100m以内施工电梯	4-11-15-1	1部	1	
使用高度100m以内单笼电梯	4-11-15-7	1台天	150	
安、拆高度100m以内施工塔式起重机	4-11-16-1	1部	1	
使用起重量6t以内塔式起重机(安装高度150m以内)	4-11-16-6	1台天	150	

注:混凝土运输采用3~10m³搅拌运输车均可,模板提升架安装、拆除时间在1~2个月均为合理答案。

案例 3-22

某大桥跨越V形峡谷,施工图设计主桥桥跨布置为(75+130+75)m预应力钢筋混凝土连续刚构,桥宽26m(左右幅桥宽12.5m)、左右幅桥跨布置相同,主墩高132m、过渡墩(边墩)高10m(主墩墩身施工时,左右幅均配备了起吊质量8t的塔式起重机及双笼施工电梯)。拟采用挂篮悬浇施工,计划工期10个月。悬浇主梁节段划分0号块、中跨1~20号及边跨1'~20'号共21个节段,其中0号块为托架现浇(0号块墩顶梁宽12.5m,现浇工期按2个月计算),边跨21'~23'号3个节段采用满堂支架现浇(21'~23'号节段总长9m,现浇支架无须基础处理,支架平均高10m),其余节段均采用挂篮悬浇(包括中跨合龙段、边跨合龙段,每个节段的工期按10d计算,挂篮拼装及拆除时间按1个月计算),中跨1~20号及边跨1'~20'号中最大节段混凝土数量为71.5m³。

问题：

1. 列出预应力混凝土连续刚构上部结构所需的辅助工程项目,并计算相应的工程量。
2. 写出各辅助工程的名称、定额代号、单位、工程量及调整情况。

分析要点：

本案例主要考查悬浇连续刚构或悬浇连续梁施工图预算辅助工程的内容和计算。

(1)挂篮设备的数量应依据工期需要进行确定,每套挂篮质量的确定应依据最大节段混凝土质量计算[每套挂篮质量一般由施工组织设计确定,按《公路桥涵施工技术规范》(JTG/T 3650—2020)的规定,挂篮与悬浇段混凝土质量比宜不大于0.5,本题按最大现浇段质量的0.5倍计算]；

(2)0号块的现浇托架质量(由施工组织设计提供,本题按桥梁横向宽度7t/m每套计算)；

(3)边跨现浇段支架可依据现浇段平均高度及现浇段长度按立面积计算；

(4)本案例给定了墩身高度,还应计算塔吊及电梯的使用费(安装费计入桥墩)。

参考答案：

问题1：

辅助工程包括:挂篮、0号块托架、边跨现浇段支架、塔式起重机及施工电梯四项。

(1)悬浇挂篮：根据题意,该连续刚构上部结构施工计划工期为10个月。其中,悬浇共20个节段,每个节段的工期为10d,则悬浇施工周期为200d;0号块托架现浇时间为2个月;悬浇挂篮的拼装及拆除时间为1个月,因此,本项目左、右幅必须平行施工才能满足计划工期的要求。即每个T构需配备1对挂篮,全桥共需4对挂篮;最大节段混凝土数量为71.5m³,质量为71.5×2.5=178.75(t),每个挂篮质量为178.75×0.5≈90(t),则全桥需配备的挂篮质量为90×4×2=720(t)。

挂篮的使用时间为200÷30+1=7.67(月),按8个月调整设备摊销费。

(2)现浇0号块托架:按每个T构配1套,全桥共4套考虑,其质量为12.5×7×4=350(t),0号块的施工期为2个月,相应调整设备摊销费。

(3)边跨现浇支架:按每个边跨设置1套,全桥共4套,支架立面积为10×9×4=360(m^2),桥宽为12.5m,需调整定额系数为(12.5+2)÷12=1.21。

(4)塔式起重机及施工电梯:连续刚构的悬浇工艺是由0号块向两侧依次对称悬浇的,且本项目桥墩较高,需考虑施工人员及施工材料的垂直运输设备,配置必要的塔式起重机及施工电梯。鉴于主墩施工已考虑塔式起重机及施工电梯的安拆和相应的使用费,因此,上部结构施工仅考虑使用费,不再考虑安拆费用。其数量为[60(0号块施工)+30(挂篮拼装)+20×10(悬浇施工)]×4=1160(台天)。

问题2:
辅助工程的名称、定额代号、单位、工程量及调整情况见下表。

表 3-22-1

项 目 名 称	定额代号	定额单位	工 程 量	定额调整或系数
悬浇挂篮	4-7-28-6	10t	72	设备摊费调整为14400元
单导梁(0号块托架)	4-7-28-1	10t	35	设备摊费调整为3600元
满堂式钢管支架高度10m(边跨现浇)	4-9-3-10	$10m^2$	36	×1.21
支架预压	4-9-6-1	$10m^3$	支架现浇段混凝土量	
使用高度150m以内双笼电梯	4-11-15-11	1台天	1160	
使用起重量8t以内塔式起重机(安装高度150m以内)	4-11-16-9	1台天	1160	

案例 3-23

某预应力小箱梁桥,桥跨组合为22×30m,基础采用φ180cm灌注桩(回旋钻法),除10号墩桩基长为45m外,其他桩基均长为35m(地层包括砂土、砾石、软石、坚石)。除10号墩为水中施工(水深4~5m)外,其余均为非水中施工。混凝土采用商品混凝土,泵送。水上混凝土施工考虑便桥施工方法,便桥费用不计。桩基工期5个月,水中桩施工期1个月。弃方运输不计。

本项目基础所涉及的定额、定额代号、取费类别、定额调整的相关内容见表3-23-1。

表 3-23-1

定额代号	定 额 内 容	取费类别	定额调整
4-4-9-7	干处埋设钢护筒	构造物Ⅱ	
4-4-9-8	5m以内水深埋设钢护筒	构造物Ⅱ	
4-4-10-1	水深3~5m灌注桩桩基工作平台上下部	构造物Ⅱ	
4-4-4-65	回旋钻机陆地上钻孔(桩径200cm以内,孔深40m以内,砂土)	构造物Ⅱ	

续上表

定额代号	定额内容	取费类别	定额调整
4-4-4-68	回旋钻机陆地上钻孔(桩径200cm以内,孔深40m以内,砾石)	构造物Ⅱ	
4-4-4-70	回旋钻机陆地上钻孔(桩径200cm以内,孔深40m以内,软石)	构造物Ⅱ	
4-4-4-72	回旋钻机陆地上钻孔(桩径200cm以内,孔深40m以内,坚石)	构造物Ⅱ	
4-4-4-273	回旋钻机水中平台上钻孔(桩径200cm以内,孔深40m以内,砂土)	构造物Ⅱ	
4-4-4-276	回旋钻机水中平台上钻孔(桩径200cm以内,孔深40m以内,砾石)	构造物Ⅱ	
4-4-4-278	回旋钻机水中平台上钻孔(桩径200cm以内,孔深40m以内,软石)	构造物Ⅱ	
4-4-4-280	回旋钻机水中平台上钻孔(桩径200cm以内,孔深40m以内,坚石)	构造物Ⅱ	
4-4-8-15	灌注桩混凝土回旋、潜水钻成孔(ϕ250cm以内,输送泵)	构造物Ⅱ	换为商品混凝土
4-4-8-24	灌注桩主钢筋焊接连接	构造物Ⅱ	

问题:

请审查所列内容有何处需修正。

分析要点:

本案例主要考查桥梁工程基础定额的选用及取费类别。

参考答案:

存在的主要问题有:

(1)钢护筒及钢筋采用构造物Ⅱ的综合费率与编制办法规定不符,应按钢材及钢结构的综合费率计算。

(2)水中灌注桩的桩长为45m,应按孔深60m以内的成孔定额计算。

(3)桩径180cm的灌注桩成孔未按规定进行调整,应将定额乘系数0.87。

(4)由于灌注桩混凝土采用的是商品混凝土,按构造物Ⅱ的综合费率计算与规定不符,应按构造物Ⅲ的综合费率计算,商品混凝土本身不参与取费。

(5)漏桩基检测管,1.8m桩一般设4根,检测管比桩长0.5m。

修改见表3-23-2。

表3-23-2

定额代号	定额内容	取费类别	定额调整
4-4-9-7	干处埋设钢护筒	钢材及钢结构	
4-4-9-8	5m以内水深埋设钢护筒	钢材及钢结构	
4-4-10-1	水深3~5m灌注桩桩基工作平台上下部	构造物Ⅱ	
4-4-4-65	回旋钻机陆地上钻孔(桩径200cm以内,孔深40m以内,砂土)	构造物Ⅱ	×0.87
4-4-4-68	回旋钻机陆地上钻孔(桩径200cm以内,孔深40m以内,砾石)	构造物Ⅱ	×0.87
4-4-4-70	回旋钻机陆地上钻孔(桩径200cm以内,孔深40m以内,软石)	构造物Ⅱ	×0.87
4-4-4-72	回旋钻机水中平台上钻孔(桩径200cm以内,孔深40m以内,坚石)	构造物Ⅱ	×0.87

续上表

定额代号	定额内容	取费类别	定额调整
4-4-4-281	回旋钻机水中平台上钻孔(桩径200cm以内,孔深60m以内,砂土)	构造物Ⅱ	×0.87
4-4-4-284	回旋钻机水中平台上钻孔(桩径200cm以内,孔深60m以内,砾石)	构造物Ⅱ	×0.87
4-4-4-286	回旋钻机水中平台上钻孔(桩径200cm以内,孔深60m以内,软石)	构造物Ⅱ	×0.87
4-4-4-288	回旋钻机水中平台上钻孔(桩径200cm以内,孔深60m以内,坚石)	构造物Ⅱ	×0.87
4-4-8-15	灌注桩混凝土回旋、潜水钻成孔(φ250cm以内,输送泵)	构造物Ⅲ	换为商品混凝土
4-4-8-24	灌注桩主钢筋焊接连接	钢材及钢结构	
4-4-8-28	灌注桩检测管	钢材及钢结构	

 案例3-24

某隧道工程全长800m,其中Ⅴ级围岩设计开挖断面面积100m², 占隧道总长的20%, 实际开挖数量17000m³; Ⅳ级围岩设计开挖断面面积90m², 占隧道总长的40%, 实际开挖数量30000m³; Ⅲ级围岩设计开挖断面面积80m², 占隧道总长的40%, 实际开挖数量26000m³; 洞外出渣运距为1700m,超挖部分回填采用M7.5浆砌片石。不考虑通风、高压风水管、照明、电线路费用。

问题:

请列出该隧道工程施工图预算所涉及的相关定额的名称、单位、定额代号、数量、定额调整等内容,并填入表格中,需要时应列式计算或文字说明。

分析要点:

本案例主要考查隧道洞身开挖定额的运用、弃渣运距的计算。一是隧道开挖与弃渣应分别单独计算;二是洞外弃渣运距应扣除定额中已包含的洞口外500m的运距,且运输车辆的选择应与隧道出渣定额的车辆选型相同;三是定额中已综合因超挖及预留变形需回填的混凝土数量,不得将上述因素的工程量计入计价工程量内。

参考答案:

(1)计算洞身开挖数量:

根据定额说明,开挖工程量按设计断面计算,定额中已考虑超挖因素,不得将超挖数量计入工程量。

Ⅴ级围岩开挖数量:800×20%×100=16000(m³);
Ⅳ级围岩开挖数量:800×40%×90=28800(m³);
Ⅲ级围岩开挖数量:800×40%×80=25600(m³)。

(2)弃渣洞外运输调整:

定额中洞外出渣距离500m,本隧道出渣距离达1700m,应增加运距1.2km,按规定采用路基工程中增运定额计算。当运距尾数不足一个增运定额单位的半数时不计,等于或超过半数时按一个增运定额运距单位计算,故增加运距为1.0km。一般情况下,Ⅴ~Ⅵ级围岩运输可按土方考虑,Ⅰ~Ⅳ级围岩运输可按石方考虑。

(3) 回填工程量计算:

根据定额规定,定额中已综合考虑因超挖及预留变形需回填的混凝土数量,不得将上述因素的工程量计入计价工程量内。

(4) 施工图预算所涉及的定额的名称、单位、代号、数量、定额调整等内容见下表。

表 3-24-1

项	目	定额代号	定额单位	工程量	定额调整或系数
隧道洞身开挖	Ⅴ级围岩隧长1000m以内	3-1-3-5	100m³	160	
	Ⅳ级围岩隧长1000m以内	3-1-3-4	100m³	288	
	Ⅲ级围岩隧长1000m以内	3-1-3-3	100m³	256	
	出渣隧道长度1000m以内围岩级别Ⅰ~Ⅲ级	3-1-3-43	100m³	256	
	出渣隧道长度1000m以内围岩级别Ⅳ~Ⅴ级	3-1-3-44	100m³	448	
	装载质量20t以内自卸汽车运土每增运0.5km(平均运距15km以内)	1-1-11-12	1000m³	16	×2
	装载质量20t以内自卸汽车运石每增运0.5km(平均运距15km以内)	1-1-11-26	1000m³	54.4	×2

注:弃渣增运定额运输车辆的选择应与弃渣定额中运输车辆一致,即选择20t自卸汽车才正确,选择其他车辆均不正确。

案例 3-25

某特长隧道(单洞),隧道总长8500m,围岩类别全部为Ⅲ级。施工招标划分为两个合同段,A合同段长4500m、洞身开挖数量为450000m³,弃渣场至洞门的运距为2000m;B合同段长4000m、洞身开挖数量为400000m³,弃渣场至洞门的运距为3000m。洞身开挖按全断面机械开挖、汽车运输计算,不考虑辅助坑道开挖及通风、高压风水管、照明、电线路费用。

问题:

分别列出A、B合同段隧道洞身开挖的预算定额代号、定额工程量、取费类别、定额调整说明等相关内容,并填写到表中。

分析要点:

本案例主要考查隧道洞身开挖定额的运用、弃渣运距的计算。一是隧道开挖及出渣在编制概算、预算时,一般应按隧道总长度来考虑选用定额子目,当合同段划分的隧道长度不同时,应按不同合同段长度的2倍确定隧道长度,并选用相应的定额子目;二是洞外弃渣运距应扣除定额中已包含的洞口外500m的运距,且运输车辆的选用应与隧道出渣定额的车辆选型相同。

参考答案:

A合同段:

施工长度4500m,隧道计算长度按$4500 \times 2 = 9000(m)$计算,弃渣增加的运距$= 2000 - 500 = 1500(m)$,即1.5km。

B合同段:

施工长度4000m,隧道计算长度按$4000 \times 2 = 8000(m)$计算,弃渣增加的运距$= 3000 - 500 = 2500(m)$,即2.5km。

表3-25-1

合同段	项目	定额代号	定额单位	工程量	取费类别	定额调整或系数
A	正洞开挖Ⅲ级围岩隧长5000m以内	3-1-3-27	100m³	4500	隧道	
	正洞开挖Ⅲ级岩隧长5000m以上每增1000m	3-1-3-33	100m³	4500	隧道	×4
	正洞出渣隧道长度5000m以内围岩级别Ⅰ~Ⅲ级	3-1-3-55	100m³	4500	运输	
	正洞出渣隧道长度5000m以上围岩级别Ⅰ~Ⅲ级每增加1000m	3-1-3-58	100m³	4500	运输	×4
	装载质量20t以内自卸汽车运石每增运0.5km(弃渣洞外运输)	1-1-11-26	1000m³	450	运输	×3
B	正洞开挖Ⅲ级围岩隧长5000m以内	3-1-3-27	100m³	4000	隧道	
	正洞开挖Ⅲ级岩隧长5000m以上每增1000m	3-1-3-33	100m³	4000	隧道	×3
	正洞出渣隧道长度5000m以内围岩级别Ⅰ~Ⅲ级	3-1-3-55	100m³	4000	运输	
	正洞出渣隧道长度5000m以上围岩级别Ⅰ~Ⅲ级每增加1000m	3-1-3-58	100m³	4000	运输	×3
	装载质量20t以内自卸汽车运石每增运0.5km(弃渣洞外运输)	1-1-11-26	1000m³	400	运输	×5

为保护生态环境,某公路施工图设计有一明洞工程,长 51m,其主要工程量见表 3-26-1。

表 3-26-1

隧道洞身开挖 (m^3)	现浇拱墙		现浇拱部		回填碎石 (m^3)
	C25 混凝土 (m^3)	HRB400 钢筋 (t)	C25 混凝土 (m^3)	HRB400 钢筋 (t)	
8780	2500	103	1700	131	1959

隧道断面面积为 $156m^2$,其中拱部面积为 $88m^2$。隧道洞身开挖中 Ⅴ 级围岩占 90%,Ⅱ 级围岩占 10%,弃渣平均运距为 3km。

问题:

请根据上述资料,列出本隧道工程造价所涉及的相关定额的名称、单位、定额代号、数量等内容,并填入表格中,需要时应列式计算或文字说明。

分析要点:

本案例主要考核明洞的施工工艺过程及定额的应用,明洞开挖按路基工程开挖套用定额计价。

参考答案:

开挖土方:$8780 \times 0.9 = 7902 (m^3)$;

开挖石方:$8780 \times 0.1 = 878 (m^3)$;

明洞混凝土:$2500 + 1700 = 4200 (m^3)$;

明洞混凝土钢筋:$103 + 131 = 234 (t)$。

表 3-26-2

工程细目			定额代号	定额单位	工程量	定额调整或系数
开挖	土质	斗容量 $2.0m^3$ 以内挖掘机挖装普通土	1-1-9-8	$1000m^3$	7.902	
		装载质量 20t 以内自卸汽车运土 — 第一个 1km	1-1-11-11	$1000m^3$	7.902	
		装载质量 20t 以内自卸汽车运土 — 每增运 0.5km	1-1-11-12	$1000m^3$	7.902	×4
	石质	机械打眼开炸次坚石	1-1-14-5	$1000m^3$	0.878	
		斗容量 $3m^3$ 以内装载机装次坚石、坚石	1-1-10-9	$1000m^3$	0.878	
		装载质量 20t 以内自卸汽车运石 — 第一个 1km	1-1-11-25	$1000m^3$	0.878	
		装载质量 20t 以内自卸汽车运石 — 每增运 0.5km	1-1-11-26	$1000m^3$	0.878	×4

续上表

工程细目		定额代号	定额单位	工程量	定额调整或系数
明洞修筑	混凝土修筑明洞	3-1-18-4	10m³	420	
	钢筋修筑明洞	3-1-18-5	1t	234	调为HRB400钢筋
	生产能力60m³/h以内混凝土拌和站拌和	4-11-11-15	100m³	42	×1.02
	运输能力6m³以内搅拌运输车运混凝土第一个1km	4-11-11-24	100m³	42	×1.02
回填	明洞碎石回填	3-1-19-3	10m³	195.9	

注：本题评分时，自卸汽车选用12~20t均正确；装载机选用2~3m³均正确，但应与自卸汽车匹配。

案例3-27

某隧道工程地处边远山岭区，长约500m，隧道围岩为石灰岩，隧道洞口地势较平坦，隧道弃渣堆放在洞口附近，距隧道洞口15km处有一碎石料场，2cm碎石供应价为120元/m³（含装卸费等杂费），施工单位自办运输。当地市场运价为0.55元/(t·km)，人工工资单价120元/工日，定额人工工日单价为106.28元/工日，辅助生产间接费率为3%，装料口径150mm×250mm电动颚式破碎机台班预算单价150元/台班，生产率8~20m³/h滚筒式筛分机台班预算单价245元/台班，碎石的单位质量为1.5t/m³，定额规定的捡清片石人工消耗18.6工日/100m³，机械加工100m³碎石定额消耗为人工33.3工日，捡清片石117.6m³，250×150电动碎石机7.01台班，滚筒式筛分机8.04台班。

问题：

1. 假设隧道弃渣经破碎筛分后能满足隧道混凝土工程需要，请合理确定本项目2cm碎石的预算单价（计算结果均取两位数）。
2. 如果隧道弃渣加工的碎石仅能满足200m隧道混凝土的工程需要，此时的2cm碎石预算单价是多少（计算结果均取两位数）？

分析要点：

本案例主要考核碎石材料外购及自行加工单价的计算。

材料预算价格=（材料原价+运杂费）×（1+场外运输损耗率）×（1+采购及保管费率）−包装品回收价值。

编制办法中已给出碎石的场外运输损耗率为1%，采购及保管费率为2.06%。

参考答案：

问题1：

（1）外购碎石预算单价计算：（120+15×0.55×1.5）×（1+1%）×（1+2.06%）=

136.45(元/m³)。

(2)考虑利用隧道弃渣自行加工碎石预算单价计算:

片石单价计算:(18.6×120+18.6×106.28×3%)÷100=22.91(元/m³);

碎石单价计算:(33.3×120+33.3×106.28×3%+117.6×22.91+7.01×150+8.04×245)÷100=98.18(元/m³)。

(3)综合选定2cm碎石价格:

由于利用隧道弃渣加工碎石单价低于外购碎石单价,因此本项目碎石应利用隧道弃渣进行加工。

当隧道弃渣经破碎筛分后能满足隧道混凝土工程需要时,本项目2cm碎石预算单价为98.18元/m³。

问题2:

当隧道弃渣经破碎筛分后仅能满足200m隧道混凝土的工程需要时,本项目2cm碎石预算单价为:136.45×300÷500+98.18×200÷500=121.14(元/m³)。

案例3-28

某分离式山区高速公路隧道,全长1462m,主要工程量如下:

(1)洞门部分:M7.5浆砌片石墙体1028m³,M7.5浆砌片石截水沟69.8m³。

(2)洞身部分:型钢支撑445t,C25喷射混凝土10050m³,HPB300钢筋网138t,φ25mm砂浆锚杆(HRB400)12600m,φ22mm砂浆锚杆(HRB400)113600m(无螺母和垫板质量),注浆小导管(φ42mm,壁厚4mm,注水泥浆0.0056m³/m)10000m,C25拱墙混凝土25259m³,HPB300钢筋16t,HRB400钢筋145t。

(3)洞内路面:厚26cmC30水泥混凝土面层21930m²。

(4)不考虑隧道防排水、洞内管沟、装饰、照明、通风、消防等。

(5)混凝土拌和站选择设置在每侧洞口处。

问题:

请列出该隧道工程施工图预算所涉及的相关定额的名称、代号、单位、数量、定额调整等内容,并填入表格中,需要时应列式计算或文字说明。

分析要点:

本案例主要考核隧道支护、衬砌、路面的施工工艺过程及定额的应用。

参考答案:

(1)锚杆数量计算:$(0.025^2 \times 12600 + 0.022^2 \times 113600) \times \pi \div 4 \times 7.85 = 387.539(t)$。

(2)隧道路面水泥混凝土数量:$21930 \times 0.26 = 5701.8(m^3)$。

(3)施工图预算所涉及的定额名称、代号等内容见下表。

表 3-28-1

工程细目		定额代号	定额单位	工程量	定额调整或系数
洞门	浆砌片石洞门墙	3-2-1-4	10m³	102.8	
	浆砌片石截水沟	1-3-3-5	10m³	6.98	
洞身	制作安装型钢钢架(钢支撑)	3-1-5-1	1t	445	
	砂浆锚杆	3-1-6-1	1t	387.539	
	钢筋网	3-1-6-5	1t	138	
	超前小导管	3-1-7-5	100m	100	钢管调为0.39
	管棚、小导管注水泥浆	3-1-7-6	10m³	5.6	
	喷射混凝土	3-1-8-1	10m³	1005	
	生产能力40m³/h以内混凝土拌和站拌和	4-11-11-14	100m³	100.5	×1.2
	运输能力6m³以内搅拌运输车运混凝土第一个1km	4-11-11-24	100m³	100.5	×1.2×1.26
衬砌	现浇混凝土(模板台车)	3-1-9-1	10m³	2525.9	
	生产能力40m³/h以内混凝土拌和站拌和	4-11-11-14	100m³	252.59	×1.17
	运输能力6m³以内搅拌运输车运混凝土第一个1km	4-11-11-24	100m³	252.59	×1.17×1.26
	现场加工衬砌钢筋	3-1-9-6	1t	161	调整钢筋比例
水泥混凝土路面	摊铺机铺筑混凝土路面厚度20cm	2-2-17-3	1000m²	21.93	人工、机械×1.26
	摊铺机铺筑混凝土路面厚度每增减1cm	2-2-17-4	1000m²	21.93	×6,人工、机械×1.26
	生产能力40m³/h以内混凝土拌和站拌和	4-11-11-14	100m³	57.018	×1.02
	运输能力6m³以内搅拌运输车运混凝土第一个1km	4-11-11-24	100m³	57.018	×1.02×1.26
生产能力40m³/h以内混凝土搅拌站安拆		4-11-11-9	1座	2	

案例 3-29

某隧道(含进出口各接长8m明洞)长6800m,洞身设计开挖断面面积为160m²,其中通过斜井开挖正洞长1400m,坡度为10°,围岩等级为Ⅳ级。弃土场位于洞口500m。施工通风、照明不计。

问题:

请计算该隧道正洞开挖及出渣的工程量,并在表中填写隧道正洞开挖施工图预算涉及的定额工程细目名称、定额代号、单位、数量及调整系数。

分析要点:

本案例主要考核隧道及斜井开挖和出渣的换算长度,以及根据换算长度套用和调整定额。

参考答案:

(1)工程量计算:
正洞开挖长度:$6800 - 8 \times 2 = 6784(m)$。
Ⅳ级围岩开挖工程量:$6784 \times 160 = 1085440(m^3)$。
进出口出渣开挖长度:$6784 - 1400 = 5384(m)$。
进出口出渣换算隧道长度:$6784 - 1400 = 5384(m)$。
进出口出渣工程量:$5384 \times 160 = 861440(m^3)$。
斜井出渣工程量:$1400 \times 160 = 224000(m^3)$。
(2)隧道正洞开挖及出渣涉及的定额细目名称、单位、定额代号、数量及调整系数见下表。

表 3-29-1

工 程 细 目	定额代号	单 位	工 程 量	定额调整或系数
正洞开挖Ⅳ级围岩隧道长度5000m以内	3-1-3-28	100m³	10854.4	
正洞开挖Ⅳ级围岩隧道长度5000m以上每增1000m	3-1-3-34	100m³	10854.4	×2
正洞出渣隧道长度5000m以内围岩级别Ⅳ~Ⅴ级	3-1-3-56	100m³	8614.4	
正洞出渣隧道长度5000m以上围岩级别Ⅳ~Ⅴ级每增加1000m	3-1-3-59	100m³	8614.4	
正洞出渣隧道长度2000m以内围岩级别Ⅳ~Ⅴ级(斜井出渣)	3-1-3-47	100m³	2240	
斜井出渣纵坡12°以内围岩级别Ⅳ~Ⅴ级	3-1-3-68	100m³	2240	

案例 3-30

某大桥为 5×25m 预应力混凝土分体小箱梁桥,桥梁全长133m,下部构造采用重力式桥台和柱式桥墩,桥台高8.6m,桥墩高9.1m。

桥梁下部结构主要工程数量为:U形桥台C30混凝土487.8m³,台帽C40混凝土190.9m³;柱式桥墩立柱C40混凝土197.7m³,盖梁C40混凝土371.7m³。施工要求采用集中拌和运输,混凝土拌和场设在距离桥位500m的一片荒地,拌和站采用40m³/h的规格,拌和站安拆及场地费用不计。

问题:

根据上述相关数据按下表填写桥梁下部结构工程量清单及清单预算相关内容。

表3-30-1

分项编号 定额代号	项目、定额名称	单位	工程量	取费类别	定额调整或系数
410-2	混凝土下部结构				
410-2-a	桥台混凝土				
410-2-a-1	C30混凝土台身	m³			
410-2-b	桥墩混凝土				
410-2-b-1	C40混凝土桥墩	m³			
410-2-c	盖梁混凝土				
410-2-c-1	C40混凝土盖梁	m³			
410-2-d	台帽混凝土				
410-2-d-1	C40混凝土台帽	m³			

分析要点:

本案例主要考核工程量清单编制和工程量清单控制价的编制。

参考答案：

表 3-30-2

分项编号 定额代号	项目、定额名称	单位	工程量	取费类别	定额调整或系数
410-2	混凝土下部结构				
410-2-a	桥台混凝土				
410-2-a-1	C30 混凝土台身	m³	487.8		
4-6-2-4	梁板桥实体式墩台高 10m 以内	10m³	48.78	构造物Ⅱ	片 C15 换为普 C30
4-11-11-14	生产能力 40m³/h 以内混凝土拌和站拌和	100m³	4.976	构造物Ⅱ	
4-11-11-24	运输能力 6m³ 以内搅拌运输车运混凝土第一个 1km	100m³	4.976	运输	
410-2-b	桥墩混凝土				
410-2-b-1	C40 混凝土桥墩	m³	197.7		
4-6-2-12	圆柱式墩台混凝土（高度 10m 以内,非泵送）	10m³	19.77	构造物Ⅱ	普 C25 换为普 C40
4-11-11-14	生产能力 40m³/h 以内混凝土拌和站拌和	100m³	2.017	构造物Ⅱ	
4-11-11-24	运输能力 6m³ 以内搅拌运输车运混凝土第一个 1km	100m³	2.017	运输	
410-2-c	盖梁混凝土				
410-2-c-1	C40 混凝土盖梁	m³	371.7		
4-6-4-1	盖梁混凝土非泵送	10m³	37.17	构造物Ⅱ	普 C30 换为普 C40
4-11-11-14	生产能力 40m³/h 以内混凝土拌和站拌和	100m³	3.791	构造物Ⅱ	
4-11-11-24	运输能力 6m³ 以内搅拌运输车运混凝土第一个 1km	100m³	3.791	运输	
410-2-d	台帽混凝土				
410-2-d-1	C40 混凝土台帽	m³	190.9		
4-6-3-1	混凝土墩、台帽非泵送	10m³	19.09	构造物Ⅱ	普 C30 换为普 C40
4-11-11-14	生产能力 40m³/h 以内混凝土拌和站拌和	100m³	1.947	构造物Ⅱ	
4-11-11-24	运输能力 6m³ 以内搅拌运输车运混凝土第一个 1km	100m³	1.947	运输	

案例 3-31

某公路有一段需要加宽改造，原桥梁由 12m 加宽至 17m，原桥上部结构为预应力先简支后连续箱梁，3×30m。招标文件图纸的桥梁上部工程数量内容如下：

表3-31-1

结构名称	预制C50混凝土	现浇C50横梁混凝土	现浇C50整体化混凝土	HPB300钢筋	HRB400钢筋	HPB300定位钢筋
单位	m³			kg		
数量	200.2	6.3	3.6	5706	28172	581

招标文件技术规范为《公路工程标准施工招标文件》(2018年版),工程量清单格式如下:

表3-31-2

子目编号	子目名称	单位	数量	单价(元)	合价(元)
403-3	上部结构钢筋				
-a	光圆钢筋(HPB300)	kg			
-b	带肋钢筋(HRB400)	kg			
403-4	附属结构钢筋				
-a	光圆钢筋(HPB300)	kg			
-b	带肋钢筋(HRB400)	kg			
……					
410-4	预制混凝土上部结构				
-e	C50预制混凝土	m³			
410-5	桥梁上部结构现浇整体化混凝土				
-d	C50现浇整体化混凝土	m³			

问题:

请按桥梁上部工程数量表中标注的工程量,填写《公路工程标准施工招标文件》(2018年版)中的清单中的工程数量。

分析要点:

需要注意的是,根据《公路工程标准施工招标文件》(2018年版)中钢筋的计量与支付条款规定,固定、定位架立钢筋不计量。

参考答案:

表3-31-3

子目编号	子目名称	单位	数量	单价(元)	合价(元)
403-3	上部结构钢筋				
-a	光圆钢筋(HPB300)	kg	5706		
-b	带肋钢筋(HRB400)	kg	28172		
403-4	附属结构钢筋				
-a	光圆钢筋(HPB300)	kg			
-b	带肋钢筋(HRB400)	kg			
……					

续上表

子目编号	子目名称	单位	数量	单价(元)	合价(元)
410-4	预制混凝土上部结构				
-e	C50 预制混凝土	m³	200.2		
410-5	桥梁上部结构现浇整体化混凝土				
-d	C50 现浇整体化混凝土	m³	9.9		

案例 3-32

某项目主线为双向四车道高速公路,路基宽度 26m,采用沥青混凝土路面结构形式,具体工程数量见表 3-32-1~表 3-32-3。

路面工程部分数量表　　　　　　　　　　　　　　　表 3-32-1

起止桩号	结构类型			
	4cm 厚 SMA-13 上面层	6cm 厚中粒式改性沥青混凝土中面层	8cm 厚中粒式沥青混凝土下面层	30cm 厚 5% 水稳碎石基层
	面积(1000m²)	面积(1000m²)	面积(1000m²)	面积(1000m²)
第1合同段合计	98.9	98.9	98.9	106.9

路面工程部分数量表　　　　　　　　　　　　　　　表 3-32-2

起止桩号	结构类型			
	20cm 厚 4% 水稳碎石底基层	20cm 厚碎石垫层	SBS 改性乳化沥青黏层	乳化沥青透层
	面积(1000m²)	面积(1000m²)	面积(1000m²)	面积(1000m²)
第1合同段合计	107.9	108.9	197.8	108.9

纵向排水沟数量表　　　　　　　　　　　　　　　表 3-32-3

起止桩号	长度(m)	现浇 C25 混凝土水沟(m³)	预制 C30 混凝土盖板(m³)	沥青麻絮伸缩缝(m²)	HRB400 盖板钢筋(kg)	砂砾垫层(m³)
第1合同段合计	4612	553.4	221.3	84.6	44192	507.3

施工组织拟采用集中拌和、摊铺机铺筑,混合料综合平均运距为 5km,混合料均采用 20t 自卸汽车运输,稳定土混合料采用 300t/h 稳定土拌和站拌和,沥青混凝土采用 240t/h 沥青混合料拌和站拌和,小型预制构件的预制场设在拌和站,拌和站安拆及场地费用不计。

问题:

根据上述相关数据按《公路工程标准施工招标文件》(2018 年版)编制路面工程工程量清单及清单预算相关内容。

第三章 交通运输工程计量与计价

分析要点：

(1) 本案例主要考核工程量清单和清单控制价的编制。

(2) 首先参照给定的《公路工程标准施工招标文件》(2018年版)编制工程量清单，然后在相应清单中套取定额，并计算定额用量。

(3) 需注意工程数量表单位与清单单位的换算，以及定额中取用数量单位的调整。另需注意纵向排水管的清单计量规则。

(4) 需注意小型构件的安装损耗为1%，因此预制工程量应比设计工程量增加1%，即预制混凝土、钢筋制作和运输构件的数量均应增加1%。

参考答案：

本项目路面工程工程量清单及清单预算相关内容见表3-32-4。

表3-32-4

分项编号/定额代号	项目、定额名称	单位	工程量	取费类别	定额调整或系数
	清单　第300章　路面				
302	垫层				
302-1	碎石垫层				
-a	厚200mm碎石垫层	m²	108900		
2-1-1-15	路面垫层机械铺碎石(压实厚度20cm)	1000m²	108.9	路面	+(2-1-1-16)×5
304	水泥稳定土底基层、基层				
304-1	水泥稳定土底基层				
-a	厚200mm水泥稳定碎石	m²	107900		
2-1-7-5	厂拌水泥碎石稳定土基层(水泥剂量4%，压实厚度20cm)	1000m²	107.9	路面	碎石:32.5级水泥 =96:4
2-1-8-9	装载质量20t以内自卸汽车运厂拌基层稳定土混合料5km	1000m³	21.58	运输	+(2-1-8-10)×8
2-1-9-12	宽度12.5m以内摊铺机铺筑底基层	1000m²	107.9	路面	
304-3	水泥稳定土基层				
-a	厚300mm水泥稳定碎石	m²	106900		
2-1-7-5	厂拌水泥碎石稳定土基层(水泥剂量5%，压实厚度30cm)	1000m²	106.9	路面	+(2-1-7-6)×10
2-1-8-9	装载质量20t以内自卸汽车运厂拌基层稳定土混合料5km	1000m³	32.07	运输	+(2-1-8-10)×8
2-1-9-11	宽度12.5m以内摊铺机铺筑基层(压实厚度30cm，分2层)	1000m²	106.9	路面	分2层碾压，调整机械和人工
308	透层和黏层				

续上表

分项编号 定额代号	项目、定额名称	单位	工程量	取费类别	定额调整或系数
308-1	乳化沥青透层	m²	108900		
2-2-16-4	乳化沥青半刚性基层透层	1000m²	108.9	路面	
308-2	改性乳化沥青黏层	m²	197800		
2-2-16-6	乳化沥青层黏层	1000m²	197.8	路面	换成改性乳化沥青
309	热拌沥青混合料面层				
309-2	中粒式沥青混凝土				
-a	厚80mm下面层沥青混凝土	m²	98900		
2-2-11-12	生产能力240t/h以内设备拌和沥青混凝土混合料(中粒式)	1000m³	7.912	路面	
2-2-13-9	装载质量20t以内自卸汽车运输沥青混合料5km	1000m³	7.912	运输	+(2-2-13-10)×8
2-2-14-47	生产能力240t/h以内设备拌和,机械摊铺沥青混凝土混合料(中粒式)	1000m³	7.912	路面	
311	改性沥青及改性沥青混合料				
311-2	中粒式改性沥青混合料路面				
-a	厚60mm中面层改性沥青混凝土	m²	98900		
2-2-11-31	生产能力240t/h以内设备拌和改性沥青混凝土(中粒式)	1000m³	5.934	路面	
2-2-13-9	装载质量20t以内自卸汽车运输沥青混合料5km	1000m³	5.934	运输	+(2-2-13-10)×8
2-2-14-47	生产能力240t/h以内设备拌和,机械摊铺沥青混凝土混合料(中粒式)	1000m³	5.934	路面	
311-3	SMA路面				
-a	厚40mm上面层改性沥青玛琋脂碎石(SMA-13)	m²	98900		
2-2-12-3	生产能力240t/h以内设备拌和改性沥青玛琋脂碎石混合料	1000m³	3.956	路面	
2-2-13-9	装载质量20t以内自卸汽车运输沥青混合料5km	1000m³	3.956	运输	+(2-2-13-10)×8
2-2-14-48	生产能力240t/h以内设备拌和,机械摊铺沥青混凝土混合料(细粒式)	1000m³	3.956	路面	
314	路面及中央分隔带排水				

续上表

分项编号 定额代号	项目、定额名称	单位	工程量	取费类别	定额调整或系数
314-2	纵向雨水沟(管)				
-a	C25 混凝土纵向排水沟(规格详见设计)	m	4612		
1-3-4-5	现浇混凝土边沟、排水沟	10m³	55.34	构造物 I	普 C20 换为普 C25
1-3-4-9	预制混凝土水沟盖板(矩形)	10m³	22.13	构造物 I	普 C20 换为普 C30，×1.01
1-3-4-11	水沟盖板预制钢筋	1t	44.192	钢材及钢结构	HRB400 钢筋，×1.01
4-8-3-6	装载质量 10t 以内载货汽车 5km(手摇卷扬机装卸)	100m³	2.213	运输	+(4-8-3-14)×8，×1.01
1-3-4-12	水沟盖板安装	10m³	22.13	构造物 I	
4-11-5-1	基础垫层填砂砾(砂)	10m³	50.73	构造物 I	
4-11-1-1	沥青麻絮伸缩缝	10m²	8.46	构造物 I	

案例 3-33

人工挖路基普通土，挖 1m³ 需消耗基本工作时间 60min，辅助工作时间占工作班连续时间的 2%，准备与结束工作时间占工作班连续时间的 2%，不可避免的中断时间占工作班连续时间的 1%，休息时间占工作班连续时间的 15%。

问题：

1. 计算该人工挖普通土劳动定额的时间定额。
2. 计算该人工挖普通土劳动定额的产量定额。

分析要点：

本案例主要考核劳动定额的编制及计算方法。分析思路如下：
(1) 确定完成 1m³ 普通土开挖需要的定额时间，即：
定额时间 = 基本工作时间 + 辅助工作时间 + 准备与结束工作时间 + 不可避免中断时间 + 休息时间。
(2) 计算完成 1m³ 普通土开挖需要的时间定额。
(3) 计算完成 1m³ 普通土开挖需要的产量定额。

参考答案：

问题 1：

时间定额：

假定完成 1m³ 普通土开挖需要的定额时间为 x,则:
$x = 60 + 2\%x + 2\%x + 1\%x + 15\%x$
$x = 60 \div (1 - 2\% - 2\% - 1\% - 15\%) = 75 (\min)$。
每工日为 8h,则该工作的时间定额为:
$75 \div 60 \div 8 = 0.15625 (\text{工日}/\text{m}^3)$。

问题 2:
产量定额:
产量定额 $= 1 \div$ 时间定额 $= 1 \div 0.15625 = 6.40 (\text{m}^3/\text{工日})$。

案例 3-34

某混凝土工程写实观测的条件符合正常的施工条件,观测对象是 6 名工人,整个过程完成的混凝土工程量为 32m³。基本工作时间 300min,施工过程中因没有水泥而停工时间 15min,因停电耽误时间 12min,辅助工作时间占基本工作时间 1%,准备结束时间为 20min,工人上班迟到时间 8min,不可避免中断时间测时为 10min,休息时间占定额时间的 20%,下班早退时间 5min。

问题:

试计算该工作劳动定额的时间定额和产量定额。

分析要点:

本案例主要考核劳动定额的编制及计算方法,同时考查定额时间的组成。解题思路为:

(1)确定完成每立方米混凝土工作的定额时间。根据题意,首先应判断题中给出的各项消耗时间哪些属于必需消耗的时间,哪些属于损失时间。

定额时间 = 基本工作时间 + 辅助工作时间 + 准备与结束工作时间 + 不可避免中断时间 + 休息时间。

除上述 5 项时间外,其他时间如停工时间、迟到早退时间等均属于损失时间,在编制定额时不予考虑。

(2)计算时间定额:

$$\text{时间定额} = \frac{\text{班组成员工日数总和}}{\text{班组完成产品数量总和}}$$

(3)根据时间定额,按照时间定额和产量定额互为倒数,计算产量定额。

参考答案:

(1)设定额时间为 x,则有:
$x = 300 + 300 \times 1\% + 20\%x + 20 + 10$
$x = 416.25 (\min)$。
(2)时间定额:$416.25 \div 60 \div 8 \times 6 \div 32 = 0.163 (\text{工日}/\text{m}^3)$。

(3) 产量定额：1÷0.163 = 6.135（m³/工日）。

案例 3-35

某项目采用写实法确定钢筋工程施工定额中的劳动定额。对该工作进行观测后，数据如下：工人准备机具等消耗时间10min，钢筋切断消耗时间30min，钢筋弯曲消耗时间20min，调直钢筋消耗时间52min，焊接成型消耗时间350min，操作过程中由于供料不足停工20min，由于停电造成停工5min，操作完成后清理工作消耗8min。

问题：

1. 计算钢筋工程施工定额所消耗的基本工作时间。
2. 计算钢筋工程施工定额所消耗的定额时间。
3. 若在上述时间内完成的钢筋加工数量为1.25t，参加该工作的人员为5人，试计算劳动定额。

分析要点：

本案例主要考核劳动定额的编制及计算方法。

根据题意首先应判断题意给出的各项消耗时间哪些属于必需消耗的时间，哪些属于损失时间。停电造成的停工属于非施工本身造成的停工时间，在确定定额时可不予考虑；而由于供料不足造成的停工时间属于施工本身造成的停工时间，在确定定额时不予考虑。

参考答案：

问题1：

计算基本工作时间。

基本工作时间等于钢筋调直、切断、弯曲、焊接成型所消耗的时间之和，即：30 + 20 + 52 + 350 = 452（min）。

问题2：

计算定额时间。

定额时间等于基本工作时间、辅助工作时间、准备与结束时间、不可避免中断时间和休息的时间之和，即：452 + 10 + 8 = 470（min）。

问题3：

计算劳动定额。

时间定额：470÷60÷8×5÷1.25 = 3.917（工日/t）。

产量定额：1÷3.917 = 0.255（t/工日）。

案例 3-36

某工作采用统计分析法编制劳动定额，有关统计数据见表3-36-1。

表 3-36-1

项 目	数据组编号								
	1	2	3	4	5	6	7	8	9
完成的工程量(件)	2	5	12	3	7	4	6	10	2
消耗时间(min)	85	190	450	126	266	165	240	368	78

根据经验,在工作期间,准备与结束工作时间约占总时间的5%,由于材料供应或停电造成的停工时间约占总时间的10%,不可避免的休息时间约占10%。

问题:

请根据上述资料按平均先进水平编制该工作的产量定额(计算时均取三位小数)。

分析要点:

本案例主要考核平均、先进平均和平均先进的概念和定额时间应包含的内容。可按算术平均和加权平均两种平均计算方法进行计算。

参考答案:

(1)按算术平均方法计算。

①完成每件产品的耗时见表3-36-2:

表 3-36-2

项 目	数据组编号								
	1	2	3	4	5	6	7	8	9
完成每件产品耗时(min)	42.5	38	37.5	42	38	41.25	40	36.8	39

②完成一件产品的平均耗时:

$(42.5 + 38 + 37.5 + 42 + 38 + 41.25 + 40 + 36.8 + 39) \div 9 = 39.45$(min/件)。

③完成一件产品的先进平均耗时:$(38 + 37.5 + 38 + 36.8 + 39) \div 5 = 37.86$(min/件)。

④完成一件产品的平均先进耗时:$(37.86 + 39.45) \div 2 = 38.655$(min/件)。

⑤扣除非定额时间的影响,完成一件产品的定额时间:

$38.655 \times (1 - 10\%) = 34.790$(min/件)。

⑥产量定额:$1 \div (34.79 \div 60 \div 8) = 13.797$(件/工日)。

(2)按加权平均方法计算。

①完成每件产品的耗时,同算术平均计算方法。

②完成每件产品的平均耗时:$(85 + 190 + 450 + 126 + 266 + 165 + 240 + 368 + 78) \div (2 + 5 + 12 + 3 + 7 + 4 + 6 + 10 + 2) = 38.588$(min/件)。

③完成每件产品的先进平均耗时:$(190 + 450 + 266 + 368) \div (5 + 12 + 7 + 10) = 37.471$(min/件)。

④完成每件产品的平均先进耗时:$(37.471+38.588) \div 2 = 38.03(\min/件)$。
⑤扣除非定额时间的影响,完成每件产品的定额时间:$38.03 \times (1-10\%) = 34.227(\min/件)$。
⑥产量定额:$1 \div (34.227 \div 60 \div 8) = 14.024(件/工日)$。

 案例 3-37

用测时法进行人工挖基坑土方定额的测定,现场测定情况见下表。

表 3-37-1

观察项目	工 种	时间产量	观测资料			
			第一次	第二次	第三次	第四次
挖土出坑	普通工	工人数量(人)	7	11	6	8
		耗时(min)	446	258	262	368
		产量(m³)	27	24.1	13.5	25.2
清理整修基坑	普通工	工人数量(人)	7	5	6	4
		耗时(min)	25	26	28	20
		产量(m²)	35	25	30	15
手推车运 20m	普通工	工人数量(人)	7	8	6	4
		耗时(min)	110	120	121	128
		产量(m³)	19.8	25.9	18.7	13.4

假定基坑体积为 $75m^3$,清理整修基坑面积为 $36m^2$,运土体积为回填后多余的土体,体积为 $32m^3$,不考虑运土便道。表中观测时间包括基本工作时间与辅助工作时间,据经验,准备结束工作时间、休息时间、合理中断时间占定额时间的 15%。

问题:

请用上述资料计算人工挖基坑土方的劳动定额,定额单位取 $10m^3$。工作内容为:人工挖、装基坑土方并运出坑外 20m 内弃土,清理整修基坑。

分析要点:

本案例主要考核劳动定额的编制及计算方法。对测时法得到的测时资料进行整理,一般用平均法。平均法又有加权平均法和算术平均法。

参考答案:

(1)按加权平均的方法计算。
①计算挖土出坑的定额时间。
挖土出坑基本时间耗时:$(7 \times 446 + 11 \times 258 + 6 \times 262 + 8 \times 368) \div (27 + 24.1 + 13.5 + 25.2) = 116.659(\min/m^3)$。

挖土出坑定额时间:116.659÷(1-15%)=137.246(min/m³)。

②计算清理整修基坑的定额时间。

清理整修基坑基本时间:

(7×25+5×26+6×28+4×20)÷(35+25+30+15)=5.267(min/m²)。

清理整修坑底、坑壁定额时间:5.267÷(1-15%)=6.196(min/m²)。

③计算手推车运土的定额时间。

手推车运土基本时间:

(7×110+8×120+6×121+4×128)÷(19.8+25.9+18.7+13.4)=38.149(min/m³)。

手推车运土定额时间:38.149÷(1-15%)=44.881(min/m³)。

④计算挖基坑土方的劳动定额。

挖基坑定额时间:137.246×75+6.196×36+44.881×32=11952.698(min)。

挖基坑的劳动定额:11952.698÷60÷8÷75×10=3.320(工日/10m³)。

(2)按算术平均的方法计算。

①计算挖土出坑的定额时间。

挖土出坑基本时间:(7×446÷27+11×258÷24.1+6×262÷13.5+8×368÷25.2)÷4=116.665(min/m³)。

挖土出坑定额时间:116.665÷(1-15%)=137.253(min/m³)。

②计算清理整修坑底坑壁的定额时间。

清理整修坑底、坑壁基本时间耗时:(7×25÷35+5×26÷25+6×28÷30+4×20÷15)÷4=5.283(min/m²)。

清理整修坑底、坑壁定额时间耗时:5.283÷(1-15%)=6.216(min/m²)。

③计算手推车运土的定额时间。

手推车运土基本时间为:(7×110÷19.8+8×120÷25.9+6×121÷18.7+4×128÷13.4)÷4=38.247(min/m³)。

手推车运土定额时间为:38.247÷(1-15%)=44.996(min/m³)。

④计算挖基坑土方的劳动定额。

挖基坑定额时间:137.253×75+6.216×36+44.996×32=11957.623(min)。

挖基坑的劳动定额:11957.623÷60÷8÷75×10=3.322(工日/10m³)。

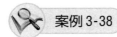

案例 3-38

某路基土方工程,天然密实方6000m³,采用0.5m³的反铲挖掘机挖土,载质量5t的自卸汽车运土,经现场测试的有关数据如下:

(1)假设天然密实方挖松后的松散系数为1.2,松散状态密度为1.65t/m³;

(2)假设挖掘机的铲斗充盈系数为1.0,每循环1次为2min,机械时间利用系数为0.85;

(3)自卸汽车每一次装卸往返需24min,时间利用系数为0.80("时间利用系数"仅限于计算机械定额时使用)。

问题：

1. 所选挖掘机、自卸汽车的台班产量是多少？
2. 所需挖掘机、自卸汽车各多少个台班？
3. 完成 1000m³ 天然密实土，挖掘机、自卸汽车的时间定额是多少？
4. 如果要求在 20 天内完成土方工程（机械每天工作时间按 1 台班考虑），至少需用多少台挖掘机和自卸汽车？

分析要点：

本案例主要考查机械台班定额消耗量的确定，其基本步骤及计算方法如下：

(1) 确定机械纯工作 1h 正常生产率。对于循环动作机械，计算公式为：
机械纯工作 1h 正常生产率 = 机械纯工作 1h 循环次数 × 1 次循环生产的产品数量。

(2) 确定机械时间利用系数，即确定机械在工作班内对工作时间的利用率。

(3) 计算机械台班定额。计算公式为：

施工机械台班产量定额 = 机械纯工作 1h 正常生产率 × 工作班纯工作时间
　　　　　　　　　　 = 机械纯工作 1h 正常生产率 × 工作班延续时间 × 机械时间利用系数

$$机械台班时间定额 = \frac{1}{机械台班产量定额}$$

参考答案：

问题 1：

计算挖掘机、自卸汽车的台班产量。

① 挖掘机的台班产量。

每小时正常循环次数：60 ÷ 2 = 30（次）。

挖掘机纯工作 1h 正常生产率：30 × 0.5 × 1.0 = 15（m³/h）。

时间利用系数：0.85。

挖掘机台班产量：8 × 0.85 × 15 = 102（m³/台班）。

② 自卸汽车台班产量。

每小时正常循环次数：60 ÷ 24 = 2.5（次）。

自卸汽车纯工作 1h 正常生产率：2.5 × 5 ÷ 1.65 = 7.58（m³/h）。

注：此处注意土的质量与体积的换算，即 1m³ = 1.65t。

时间利用系数：0.80。

自卸汽车台班产量：8 × 0.80 × 7.58 = 48.51（m³/台班）。

问题 2：

计算所需挖掘机、自卸汽车的台班数量。

所需挖掘机台班数：6000 ÷ 102 = 58.82（台班）。

所需自卸汽车台班数：6000 × 1.20 ÷ 48.51 = 148.42（台班）。

注：此处注意开挖是天然密实方，而运输是按松散状态计算。

问题 3：

计算挖掘机、自卸汽车的时间定额。

每 $1000m^3$ 天然密实土挖掘机的时间定额：$1 \div 102 \times 1000 = 9.804$（台班/$1000m^3$）。

每 $1000m^3$ 天然密实土自卸汽车的时间定额：$1 \div 48.51 \times 1000 \times 1.2 = 24.737$（台班/$1000m^3$）。

问题 4：

计算所需挖掘机、自卸汽车的数量。

要求在 20 天内完成土方工程，则：

需用挖掘机台数：$58.82 \div 20 = 2.94$（台），应配备 3 台挖掘机。

需用自卸汽车台数：$148.42 \div 20 = 7.42$（台），应配备 8 台自卸汽车。

案例 3-39

某矩形混凝土板，板长 10m、板宽 1m、高 0.4m，采用 5cm 厚木模板预制，考虑底模，支撑用料为模板的 20%，按 5 次周转摊销，锯材的场内运输及操作损耗为 15%。

 问题：

试计算该混凝土板每 $10m^3$ 实体应摊销锯材的数量。

 分析要点：

本案例主要考查材料消耗量的编制，其计算公式如下。需注意混凝土板的预制是不需要顶模板的。

$$Q = \frac{A(1+k)}{nV}$$

式中：Q——周转材料的单位定额用量（m^3 或 kg/m^3）；

A——周转材料的图纸总用量（kg 或 m^3），如一套模板的总量；

k——场内运输及操作损耗（%），可通过施工实践测定；

n——周转及摊销次数；

V——工程设计实体（m^3）。

 参考答案：

预制模板的单位定额用量：

$$Q = \frac{(10 \times 1 + 2 \times 10 \times 0.4 + 2 \times 1 \times 0.4) \times 0.05 \times (1 + 20\%) \times (1 + 15\%)}{5 \times 10 \times 0.4 \times 1.0}$$

$= 0.065m^3$。

则每 $10m^3$ 实体的混凝土应摊销的锯材数量为 $0.65m^3$。

 案例 3-40

某浆砌块石桥台基础工程,定额测定资料如下:
(1)完成每立方米浆砌块石桥台基础的基本工作时间为 3.265h。
(2)辅助工作时间、准备与结束时间、不可避免的中断时间和休息时间分别占浆砌料石桥台工程定额时间的 3%、2%、2%、16%。
(3)每 $10m^3$ 浆砌块石桥台基础消耗的材料净用量:砌筑 M7.5 水泥砂浆 $2.647m^3$,块石 $10.345m^3$,水 $4m^3$,其他材料费 1.2 元;水包括拌和 M7.5 水泥砂浆的水和养护等用水。
(4)每 $10m^3$ 浆砌块石桥台基础需要消耗 400L 砂浆搅拌机 0.144 台班,$1.0m^3$ 以内轮胎式装载机 0.074 台班。
(5)人工幅度差系数 6%,砂浆搅拌机机械幅度差系数 31%,装载机械幅度差系数 8%,场内运输及操作损耗率为砌筑水泥砂浆 2%、块石 1.5%。

问题:

1. 确定每立方米浆砌料石桥台的人工消耗的时间定额和产量定额。
2. 若预算定额的其他用工占基本用工的 12%,试编制分项工程的补充预算定额(定额单位为 $10m^3$)。

分析要点:

本案例主要考核劳动定额的编制,预算定额的组成和确定方法。分析思路如下:
(1)首先确定完成每立方米浆砌料石桥台的劳动定额的定额时间。
定额时间 = 基本工作时间 + 辅助工作时间 + 准备与结束工作时间 + 不可避免的中断时间 + 休息时间。
(2)确定完成每立方米浆砌料石桥台的劳动定额的时间定额,进而计算产量定额。
(3)预算定额由人工、主要材料和施工机械的消耗量构成。
主要材料消耗量根据测定的数量确定,砌筑砂浆的场内损耗及操作损耗分别为 2%。砂浆的配合比见基本定额。
幅度差及预算定额与施工定额的差额,主要是指在劳动定额中未包括,而在正常施工情况下不可避免但又很难计算的各类工时损失。
预算定额机械耗用台班 = 施工定额机械耗用台班 × (1 + 机械幅度差系数)。
预算定额人工用量 = 基本用工 × (1 + 其他用工比例) × (1 + 人工幅度差系数)。

参考答案:

问题 1:

确定每立方米浆砌料石桥台的人工消耗的时间定额和产量定额。
完成每立方米浆砌料石桥台的定额时间为 x,则:
$x = 3.265 + (3\% + 2\% + 2\% + 16\%)x$

$x = 4.240$(工时)。

人工时间定额 $= 4.240 \div 8 = 0.530$(工日$/m^3$)。

产量定额 $= 1 \div 0.530 = 1.887$(m^3/工日)。

问题 2:

补充预算定额编制。

工料机耗量计算:

人工:$0.530 \times (1+12\%) \times (1+6\%) \times 10 = 6.292$(工日$/10m^3$)。

32.5 级水泥:$2.647 \times 1.02 \times 0.266 = 0.718$(t$/10m^3$)。

中粗砂:$2.647 \times 1.02 \times 1.09 = 2.943$($m^3/10m^3$)。

水:4($m^3/10m^3$)。

块石:$10.345 \times 1.015 = 10.5$($m^3/10m^3$)。

其他材料费:1.2(元$/10m^3$)。

400L 砂浆搅拌机:$0.144 \times (1+31\%) = 0.189$(台班$/10m^3$)。

$1.0m^3$ 以内轮胎式装载机:$0.074 \times (1+8\%) = 0.08$(台班$/10m^3$)。

基价:

$6.296 \times 106.28 + 0.718 \times 307.69 + 2.943 \times 87.38 + 4 \times 2.72 + 10.5 \times 93.2 + 1.2 + 0.189 \times 137.79 + 0.08 \times 585.22 = 2210$(元$/10m^3$)。

注:人工、材料基价来源于预算定额附录四、定额基价人工、材料单位质量、单价表;机械台班基价来源于机械台班费用定额。

案例 3-41

某高速公路隧道全长 3453m,拌和站在两端洞口附近各设 1 座。混凝土拌合、运输费用不考虑。弃土场设在两端洞口 1km 处,弃土场费用不计。土建工程数量见表 3-41-1。

某隧道土建工程数量表   表 3-41-1

工程名称		单位	洞口及明洞	暗洞		附属工程	全隧	备注
				V 级	IV 级			
隧道长度		m	16	357	3080	3453	3453	
一、洞口工程								
洞口开挖	土方	m^3	7674				7674	只计洞口桩号以内,含明洞和截排水开挖
	石方	m^3	19780				19780	
洞门墙	C30 混凝土	m^3	247				247	
	HPB300 钢筋	kg	2956				2956	
	HRB400 钢筋	kg	21498				21498	
边仰坡挡防	喷 C20 混凝土	m^3	500				500	最大高度 15m
	φ22 砂浆锚杆	m	6666				6666	
	HPB300 钢筋网	kg	15800				15800	

续上表

工程名称		单位	洞口及明洞	暗洞 V级	暗洞 IV级	附属工程	全隧	备注
边仰坡挡防	C25 混凝土挡墙	m^3	120				120	
基础处理	C20 混凝土	m^3	266				266	
	砂砾石	m^3	180				180	
洞口排水	C20 混凝土排水沟	m^3	20				20	
	C20 混凝土截水沟	m^3	115				115	
	C25 混凝土洞口平台	m^3	70				70	
二、明洞工程								
明洞回填	黏土回填	m^3	677				677	
	土石回填	m^3	932				932	
	C15 混凝土回填	m^3	564				564	
三、洞身工程								
洞身开挖	IV级	m^3			925888		925888	
	V级	m^3		111807			111807	
超前支护	ϕ108 大管棚	m				4320	4320	15.1kg/m
	C25 套拱混凝土	m^3				113	113	
	孔口管(ϕ140)	m				192	192	16.63kg/m
	套拱钢架	kg				1813	1813	连接筋104kg
	ϕ42 小导管	m		69721	436052		505773	3.7kg/m
	ϕ22 药卷锚杆	m			3750		3750	
	纯水泥浆	m^3		2789	10916	357	14062	
锚喷支护	C25 喷混凝土	m^3		5631	44875		50506	
	C25 混凝土	m^3		3138	2800		5938	仰拱初期支护
	ϕ22 药卷锚杆	m			305788		305788	
	ϕ25 中空注浆锚杆	m			98744		98744	
	ϕ42 注浆小导管	m			12880		12880	3.7kg/m
	纯水泥浆	m^3			386		386	
	HPB300 钢筋网	kg		141192	577417		718609	
型钢钢架	型钢钢架	榀		1214	6863		8077	
	型钢重量	kg		1801462	5038919		6840381	各型钢钢架合计
	HRB400 钢筋	kg		100216	538322		638538	纵向连接
格栅钢架	格栅钢架	榀					125	
	HPB300 钢筋	kg					4055	
	HRB400 钢筋	kg					12384	
	HRB400 钢筋	kg					3129	纵向连接

续上表

工程名称		单位	洞口及明洞	暗洞 V级	暗洞 Ⅳ级	附属工程	全隧	备注
钢架锁脚	φ42 小导管	m		32480			32480	3.7kg/m,注浆 0.03m³/m
	φ22 药卷锚杆	m			163806		163806	
二次衬砌	C30 混凝土	m³			1013		1013	拱墙
	C30 钢筋混凝土	m³	422	11204	78105		89731	
	HPB300 钢筋	kg	4934	51326	218612		274872	
	HRB400 钢筋	kg	27488	688039	4432629		5148156	
	C30 混凝土	m³					258	仰拱
	C30 钢筋混凝土	m³	448	7747	54307		62502	
	HPB300 钢筋	kg	6708	35490	152309		194507	
	HRB400 钢筋	kg	28832	475758	3082215		3586805	
仰拱回填	C20 混凝土	m³	362	8096	72957		81415	
四、防排水工程								
EVA 自黏防水卷材		m²	690	20393	183811		204894	
无纺布		m²	690	20393	183811		204894	
背贴式橡胶止水带		m				31203	31203	
中埋式橡胶止水带		m				26989	26989	
中埋式橡胶止水条		m				14062	14062	
SH-50 半圆形弹簧渗水管		m				20651	20651	
φ50HDPE 单壁无孔波纹管		m				3002	3002	
φ100HDPE 双壁打孔波纹管		m				14412	14412	
φ100HDPE 单壁无孔波纹管		m				11210	11210	
电缆沟及中央水沟	预制 C25 混凝土	m³				2141	2141	
	现浇 C25 混凝土	m³				10409	10409	
	HPB300 钢筋	kg				181903	181903	
	HRB400 钢筋	kg				419993	419993	
五、洞内路面工程								
水泥混凝土面板(26cm)		m²				87525	87525	弯拉强度5.0MPa
水泥混凝土面板(20cm)		m²				781	781	弯拉强度4.5MPa
C20 水泥混凝土基层(15cm)		m²				87525	87525	
HPB300 钢筋		kg				155975	155975	
HRB400 钢筋		kg				80532	80532	

问题：

列出本隧道工程初设概算建安费（土建工程部分）所涉及的分项编号、定额代号、定额的工程细目名称、单位、工程数量和定额调整，并填入分项工程概算计算数据表中。

分析要点：

本题主要考核概算定额的套用。隧道洞内工程用洞外定额，应乘系数1.26。

参考答案：

分项工程概算计算数据表   表 3-41-2

分项编号 定额代号	项目、定额或工料机的名称	单 位	数 量		定额调整情况或分项算式
1	第一部分　建筑安装工程费				
101	临时工程				
10107	拌和站安、拆	座	2		
4-6-1-10	生产能力60m³/h以内混凝土搅拌站（楼）安、拆	1座	2		
105	隧道工程	m	座	3453	1
1050301	某某隧道	m		3453	
SD01	洞门及明洞开挖	m³		27454	
SD0101	挖土方	m³		7674	
1-1-8-8	2.0m³以内挖掘机挖装普通土	1000m³		7.674	
1-1-10-11	装载质量20t以内自卸汽车运土第一个1km	1000m³		7.674	
SD0102	挖石方	m³		19780	
1-1-15-1	机械打眼开炸软石	1000m³		19.78	
1-1-9-6	斗容量3m³以内装载机装软石	1000m³		19.78	
1-1-10-25	装载质量20t以内自卸汽车运石第一个1km	1000m³		19.78	
SD02	洞口坡面排水、防护	m³		1091	
SD0204	喷射混凝土	m³		500	
1-4-6-8	喷混凝土护坡（边坡高20m以内）	10m³		50	
SD0205	钢筋网	t		15.8	

续上表

分项编号 定额代号	项目、定额或工料机的名称	单 位	数 量		定额调整情况或分项算式
1-4-6-2	喷射混凝土护坡,挂钢筋网（边坡高20m以内）	1t	15.8		
SD0206	锚杆	t m	19.8647	6666	
1-4-6-11	喷射混凝土护坡,锚杆埋设（边坡高20m以内）	1t	19.8647		
SD0209	地基处理	m³	266		
4-1-1-7	基础混凝土	10m³	26.6		
1-2-8-2	地基砂砾垫层	1000m³	0.18		
SD0210	洞外排水沟、截水沟	m³	135		
1-3-4-2	现浇混凝土边沟、排水沟	10m³	2		
1-3-4-4	现浇混凝土截水沟	10m³	11.5		
SD0211	洞口平台	m³	70		
4-2-4-1	钢筋混凝土实体式墩台基础	10m³	7		
SD0212	挡墙	m³	120		
1-4-13-2	现浇混凝土挡土墙	10m³	12		
SD03	洞门建筑	m³ 座	247	1	
SD0302	混凝土洞门墙	m³	247		
3-2-2-2	现浇混凝土洞门墙	10m³	24.7		
3-2-2-3 换	现浇混凝土洞门墙钢筋Ⅰ	1t	2.956		钢筋抽换：［2001002］换［2001001］
3-2-2-3 换	现浇混凝土洞门墙钢筋Ⅲ	1t	21.498		钢筋抽换：［2001001］换［2001002］
SD04	明洞修筑	m	16		
SD0401	明洞衬砌及洞顶回填	m³ m	2173	16	
SD040103	洞顶回填	m³	2173		
3-1-16-10	明洞回填黏土隔水层	10m³	67.7		
3-1-16-9	明洞回填土石	10m³	93.2		
借[部2018预] 4-11-5-6 换	回填混凝土	10m³	56.4		普C10-32.5-4 换普C15-32.5-4
SD05	洞身开挖	m³ m	1037695	3437	
SD0501	开挖	m³ m	1037695	3437	
3-1-3-22	正洞机械开挖Ⅳ级围岩隧长4000m以内自卸汽车运输	100m³	9258.88		

续上表

分项编号 定额代号	项目、定额或工料机的名称	单位	数量	定额调整情况或分项算式
3-1-3-23	正洞机械开挖Ⅴ级围岩隧长4000m以内自卸汽车运输	100m³	1118.07	
1-1-10-26	装载质量20t以内自卸汽车运石增运0.5km（平均运距15km以内）	1000m³	925.888	
1-1-10-12	装载质量20t以内自卸汽车运土每增运0.5km（平均运距15km以内）	1000m³	111.807	
SD0502	注浆小导管	m	551133	
3-1-7-5换	超前小导管	100m	5511.33	[2003008]量0.39
3-1-7-6	注水泥浆	10m³	1506.54	
SD0503	管棚	m 处	4320 2	
SD050301	套拱钢架	t	1.813	
3-1-5-1	制作、安装型钢钢架	1t	1.813	
3-1-5-5	制作、安装连接钢筋	1t	0.104	
SD050302	管棚	m	4320	
3-1-7-4换	管棚管径108mm	10m	432	[2003008]量0.157
3-1-7-6	注水泥浆	10m³	35.7	
SD0504	锚杆	m	572088	
3-1-6-6	药卷锚杆	1t	1410.5651	
3-1-6-2	中空注浆锚杆	100m	987.44	
SD0505	钢拱架（支撑）	t	6856.82	
3-1-5-1换	制作、安装型钢钢架-型钢	1t	6840.381	[2003004]量1.06；[2003005]量0
3-1-5-5	制作、安装连接钢筋	1t	638.538	
3-1-5-2换	制作、安装格栅钢架Ⅰ	1t	4.055	钢筋抽换：[2001002]换[2001001]
3-1-5-2换	制作、安装格栅钢架Ⅲ	1t	12.384	钢筋抽换：[2001001]换[2001002]
3-1-5-5	制作、安装连接钢筋	1t	3.129	
SD0507	套拱混凝土	m³	113	
3-1-7-1	管棚套拱混凝土	10m³	11.3	
SD0508	孔口管	m	192	
3-1-7-2换	管棚套拱孔口管（φ140）	10m	19.2	[2003008]量0.173

续上表

分项编号 定额代号	项目、定额或工料机的名称	单 位	数 量	定额调整情况或分项算式
SD0509	喷混凝土	m³	50506	
3-1-8-1	喷射混凝土	10m³	5050.6	
SD0510	钢筋网	t	718.609	
3-1-6-4	钢筋网	1t	718.609	
SD0511	仰拱初期支护	m³	5938	
3-1-9-3	现浇混凝土衬砌仰拱	10m³	593.8	
SD06	洞身衬砌	m³	90744	
SD0602	现浇混凝土	m³	90744	
3-1-9-1	现浇混凝土衬砌（模板台车）	10m³	9074.4	
SD0603	钢筋	t	5423.028	
3-1-9-6 换	现浇混凝土衬砌钢筋 I	1t	274.872	[2001002]换[2001001]
3-1-9-6	现浇混凝土衬砌钢筋 III	1t	5148.156	
SD07	仰拱	m³	144175	
SD0701	仰拱混凝土	m³	62760	
3-1-9-3	现浇混凝土衬砌仰拱	10m³	6276	
SD0702	仰拱回填混凝土	m³	81415	
3-1-9-4	现浇混凝土仰拱回填	10m³	8141.5	
SD0703	钢筋	t	3781.312	
3-1-9-6 换	现浇混凝土衬砌钢筋 I	1t	194.507	[2001002]换[2001001]
3-1-9-6	现浇混凝土衬砌钢筋 III	1t	3586.805	
SD08	洞内管、沟	m³	12550	
SD0801	电缆沟	m³	12550	
SD080101	现浇混凝土	m³	10409	
3-1-13-1	现浇混凝土沟槽	10m³	1040.9	
SD080102	预制混凝土	m³	2141	
3-1-13-2	预制混凝土沟槽、盖板	10m³	214.1	
借[部2018预] 4-8-3-4	装载质量6t以内载重汽车第一个1km（手摇卷扬机装卸）	100m³	21.41	
SD080103	钢筋	t	601.896	
3-1-13-3	沟槽、盖板钢筋 I	1t	181.903	
3-1-13-3 换	沟槽、盖板钢筋 III	1t	419.993	[2001001]换[2001002]
SD09	防水与排水	m	3453	

续上表

分项编号 定额代号	项目、定额或工料机的名称	单 位	数 量	定额调整情况或分项算式
SD0902	止水带、条	m	72254	
3-1-11-4	橡胶止水带	10m	5819.2	
3-1-11-5	橡胶止水条	100m	140.62	
SD0904	排水管	m	58028	
3-1-12-4	环向排水管(弹簧管)	100m	206.51	
3-1-12-4 换	环向排水管(φ50 单壁无孔波纹管)	100m	30.02	[5001018]换[5002002]单壁波纹管(φ50mm)
3-1-12-2	纵向排水管(φ100 双壁打孔波纹管)	100m	144.12	
3-1-12-3 换	横向排水管(φ100 单壁无孔波纹管)	100m	112.1	[5001014]换[5002003]单壁波纹管(φ100mm)
SD0905	防水卷材	m²	204894	
3-1-11-2 换	EVA自黏防水卷材	100m²	2048.94	[5001010]换[5002001]EVA自黏防水卷材
SD0906	无纺布	m²	204894	
3-1-11-3	土工布	100m²	2048.94	
SD10	洞内路面	m²	87525	
SD1001	水泥混凝土路面	m²	87525	
2-2-15-5 换	滑模式摊铺机铺筑混凝土路面厚度26cm	1000m²	87.525	实际厚度(cm):26cm; 洞内用洞外:人×1.260 机×1.260
2-2-15-5 换	滑模式摊铺机铺筑混凝土路面厚度20cm	1000m²	0.781	洞内用洞外:人×1.260 机×1.260; 实际厚度(cm):20cm
2-2-15-5 换	滑模式摊铺机铺筑混凝土路面厚度15cm	1000m²	87.525	实际厚度(cm):15cm; 洞内用洞外:人×1.260 机×1.260
2-2-15-14 换	拉杆及传力杆滑模式摊铺机铺筑	1t	155.975	钢筋抽换:[2001002]换[2001001]; 洞内用洞外:人×1.260 机×1.260
2-2-15-14 换	拉杆及传力杆滑模式摊铺机铺筑	1t	80.532	钢筋抽换:[2001001]换[2001002]; 洞内用洞外:人×1.260 机×1.260

第四章 公路工程招投标

本章基本知识点

1. 公路工程施工招标投标程序。
2. 决策树和技术经济分析方法在投标决策中的运用。
3. 报价技巧的选择和运用。
4. 评标定标的具体方法。

案例 4-1

某新建一级公路里程为30km(包括3座技术复杂的特大桥),建设资金为财政补助资金、业主自筹及国内银行贷款。项目法人已确定,初步设计已经主管部门批准。资本金已落实了80%,银行贷款合同正在谈判过程中。设计单位基本完成了施工图设计,尚未报批,业主将项目分为3个合同段(每合同段含1座技术特别复杂的特大桥)自行组织施工招标。业主委托咨询单位编制了最高投标限价和最低投标限价。业主对投标单位就招标文件所提出的所有问题统一作出了书面答复,并以补遗书的形式分发给各投标单位,为简明起见,采用下表形式。

表 4-1-1

序号	问 题	提问单位	提问时间	答 复
1				
…				
n				

业主组织了本地投标单位进行施工现场踏勘。在投标截止日期前10天,业主书面通知各投标单位,由于未达到收费里程长度,决定将收费站工程从原招标范围内删除。

问题:

1. 业主自行组织招标应具备的条件是什么?
2. 业主是否可以对投标单位进行资格预审?针对本案例的项目资格预审条件主要应包括哪些[按《公路工程标准施工招标资格预审文件》(2018年版)]?

3. 该项目施工招标在哪些方面存在问题或不当之处？请逐一说明。

分析要点：

本案例考核施工招标在开标（投标截止日期）之前的有关问题，主要涉及招标方式的选择、招标需具备的条件、招标程序、限价编制的依据、投标单位资格预审等问题。要求根据《中华人民共和国招标投标法》《中华人民共和国招标投标法实施条例》和《公路工程建设项目招标投标管理办法》等有关法律法规的规定，正确分析本工程招标投标过程中存在的问题。因此，在答题时，要根据本案例背景给定的条件回答，不仅要指出错误之处，而且要说明原因。为使条理清晰，应按答题要求逐一说明，而不要笼统作答。

参考答案：

问题1：
业主自行组织招标应具备的条件是招标人具有与招标项目规模和复杂程度相适应的技术、经济等方面的专业人员。

问题2：
业主可以对投标单位进行资格预审。
本项目资格预审条件主要应包括资质最低要求、财务最低要求、业绩最低要求、信誉最低要求、项目经理和项目总工最低要求、其他管理和技术人员最低要求、主要机械设备和试验检测设备最低要求。

问题3：
该项目施工招标存在以下问题：

（1）根据题意，业主在本项目建设资金尚未完全落实。资本金未全部落实，银行贷款合同正在谈判过程中组织施工招标不妥，根据《中华人民共和国招标投标法》第九条，此时本项目不具备施工招标的必要条件，因而不能进行施工招标。

（2）根据题意，业主在施工图设计尚未报批就组织施工招标不妥，根据《公路工程建设项目招标投标管理办法》第八条，施工图设计文件未批准前，不能开展施工招标。

（3）"业主委托咨询单位编制了最高投标限价和最低投标限价"不妥，根据《中华人民共和国招标投标法实施条例》第二十七条，不能编制最低投标限价。

（4）业主对投标单位提问只能针对具体的问题作出明确答复，不应提及具体的提问单位（投标单位）。因为按《中华人民共和国招标投标法》第二十二条规定，招标人不得向他人透露已获取招标文件的潜在投标人的名称、数量以及可能影响公平竞争的有关招标投标的其他情况。

（5）"在投标截止日期前10天，业主书面通知各投标单位，由于未达到收费里程长度，决定将收费站工程从原招标范围内删除"不妥，根据《中华人民共和国招标投标法》第二十三条，若招标人需改变招标范围或变更招标文件，应在投标截止日期至少15日（而不是10日）前，以书面形式通知所有招标文件收受人。若迟于这一时限发出变更招标文件的通知，则应将原定的投标截止日期适当顺延，以便投标单位有足够的时间充分考虑这种变更对报价的影响，并将其在投标文件中反映出来。

（6）"业主组织了本地投标单位进行施工现场踏勘"不妥，根据《中华人民共和国招标投标法实施条例》第二十八条规定,招标人不能仅组织本地投标人踏勘项目现场。

案例 4-2

某公路路基工程的招标人于 2021 年 5 月 11 日向通过资格预审的 A、B、C、D、E 共 5 家投标人发出投标邀请书,其中说明,5 月 14~18 日 9:00~16:00 在招标人会议室购买招标文件,6 月 8 日 14:00 为投标截止时间。该 5 家投标人均接受邀请,并按规定时间提交了投标文件。但投标人 A 在送出投标文件后,发现报价估算有较严重的失误,在投标截止时间前 10 分钟递交了一份书面声明,撤回已提交的投标文件。

开标时,由投标人推荐的代表检查投标文件的密封情况,确认无误后,由工作人员当众拆封。由于投标人 A 已撤回投标文件,故招标人宣布有 B、C、D、E 共 4 家投标人投标,并宣读该 4 家投标人的投标人名称、投标保证金递交情况、投标价格、工期和其他内容。

评标委员会委员由招标人直接确定,共由 7 人组成,其中招标人代表 2 人,本系统技术专家 2 人,经济专家 1 人,外系统技术专家 1 人,经济专家 1 人。

在评标过程中,评标委员会要求 B、D 两投标人分别对其施工方案作详细说明,并对若干技术要点和难点提出问题,要求其提出具体、可靠的实施措施。参与评标委员会的招标人代表希望投标人 B 再适当考虑一下降低报价的可能性。

按照招标文件中确定的综合评标标准,4 个投标人综合得分从高到低的依次顺序为 B、D、C、E,故评标委员会推荐投标人 B 为第一中标候选人。由于投标人 B 为外地企业,招标人于 6 月 10 日将中标通知书以挂号信方式寄出,投标人 B 于 6 月 14 日收到中标通知书。

从报价情况来看,4 个投标人的报价从低到高的依次顺序为 D、C、B、E。6 月 16 日~7 月 11 日,招标人又与投标人 B 就合同价格进行了多次谈判,结果投标人 B 将价格降到略低于投标人 C 的报价水平,最终双方于 7 月 12 日签订了书面合同。

问题:

1. 从招标投标的性质看,本案例中的要约邀请、要约和承诺的具体表现是什么?

2. 从所介绍的资料来看,该项目的招标投标程序中哪些方面不符合《中华人民共和国招标投标法》《中华人民共和国招标投标法实施条例》的有关规定?请逐一说明。

分析要点:

本案例考核招标投标程序从发出投标邀请书到中标之间的若干问题,主要涉及招标投标的性质、投标文件的递交和撤回、投标文件的拆封和宣读、评标委员会的组成及其确定、评标过程中评标委员的行为、中标通知书的生效时间、中标通知书发出后招标人的行为以及招标人和投标人订立书面合同的时间等。其中特别要注意中标通知书的生效时间。从招标投标的性质来看,招标公告或投标邀请书是要约邀请,投标是要约,中标通知书是承诺。按《中华人民共和国民法典》第一百三十七条规定,承诺通知到达要约人时生效,这是承诺生效的"到达主义"。然而,中标通知书作为《中华人民共和国招标投标法》规定的承诺行为,按《中华人民共和国民法典》规定的一般性承诺不同,它的生效不是采取"到达主义",而是采取"投邮主义",

即中标通知书一经发出就生效,就对招标人和投标人产生约束力。

参考答案:

问题1:

本案例中,要约邀请是招标人的招标文件,要约是投标人的投标文件,承诺是招标人发出的中标通知书。

问题2:

该项目招标投标程序中存在以下几方面不符合《中华人民共和国招标投标法》《中华人民共和国招标投标法实施条例》的有关规定,分述如下:

(1)招标人应宣读5家投标人参加投标,其中一家在开标前撤回投标文件,仅开4家投标文件。不应仅宣布4家投标人参加投标。《中华人民共和国招标投标法》规定,招标人在招标文件要求提交投标文件的截止时间前收到的所有投标文件,开标时都应当众拆封、宣读。这一规定是比较模糊的,仅按字面理解,已撤回的投标文件也应当宣读,但这显然与有关撤回投标文件的规定的初衷不符。按国际惯例,虽然投标人A在投标截止时间前已撤回投标文件,但仍应作为投标人宣读其名称,但不宣读其投标文件的其他内容。

(2)评标委员会委员全部由招标人直接确定不符合规定。按规定,评标委员会中的技术、经济专家,一般招标项目应采取从专家库中随机抽取方式,特殊招标项目可以由招标人直接确定。本项目显然属于一般招标项目。

(3)评标委员会要求投标人提出具体、可靠的实施措施是不对的。按规定,评标委员会可以要求投标人对投标文件中含义不明确的内容作必要的澄清或者说明,但澄清或者说明不得超出投标文件的范围或者改变投标文件的实质性内容。

(4)评标过程中不应要求投标人考虑降价问题。在确定中标人前,招标人不得与投标人就投标价格、投标方案的实质性内容进行谈判。

(5)中标通知书发出后,招标人不应与中标人就价格进行谈判。按规定,招标人和中标人应按照招标文件和投标文件订立书面合同,不得再行订立背离合同实质性内容的其他协议(《中华人民共和国招标法实施条例》第五十七条:招标人和中标人应当依照招标投标法和本条例的规定签订书面合同,合同的标的、价款、质量、履行期限等主要条款应当与招标文件和中标人的投标文件的内容一致。招标人和中标人不得再行订立背离合同实质性内容的其他协议)。

(6)订立书面合同的时间过迟。按规定,招标人和中标人应当自中标通知书发出之日(不是中标人收到中标通知书之日)起30日内订立书面合同,而本案例为32日。

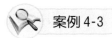

案例4-3

某路桥建设公司面临A、B两项工程投标,因受本单位资源条件限制,只能选择其中一项工程投标。根据过去类似工程投标的经验数据,A工程投高标的中标概率为0.3,投低标的中标概率为0.6,编制投标文件的费用为3万元;B工程投高标的中标概率为0.4,投低标的中标概率为0.7,编制投标文件的费用为2万元。

各方案承包效果、概率及损益情况见下表。

表 4-3-1

方　案	效　果	概　率	损益值(万元)
A 高	好	0.3	150
	中	0.5	100
	差	0.2	50
A 低	好	0.2	110
	中	0.7	60
	差	0.1	0
B 高	好	0.4	110
	中	0.5	70
	差	0.1	30
B 低	好	0.2	70
	中	0.5	30
	差	0.3	−10

问题：

1. 简述决策树的概念。
2. 试运用决策树法进行投标决策。

分析要点：

本案例考核决策树法的运用,主要考核决策树的概念、绘制、计算,要求熟悉决策树法的适用条件,能根据给定条件正确画出决策树,并能正确计算各机会点的数值,进而作出决策。

解题时需注意以下三点：

(1)题目本身仅给出各投标方案的中标概率,相应的不中标概率需自行计算(中标概率与不中标概率之和为1)。

(2)不中标情况下的损失费用为编制投标文件的费用。不同项目的编标费用一般不同。通常规模大、技术复杂项目的编标费用较高,反之则较低;而同一项目的不同报价对编标费用的影响可不予考虑。

(3)决策树的绘制是自左向右(决策点和机会点的编号左小右大),而计算则是自右向左。各机会点的期望值计算结果应标在该机会点上方,最后将决策方案以外的方案枝用两短线排除。

参考答案：

问题 1：

决策树是以方框与圆圈为节点,并由直线连接而成的一种像树枝形状的结构,其中方框代表决策点,圆圈代表机会点。从决策点画出的每条直线代表一个方案,叫作方案枝;以机会点画出的每条直线代表一种自然状态,叫作概率枝。

问题2：

(1) 画出决策树,标明各方案的概率和损益值,如图4-3-1所示。

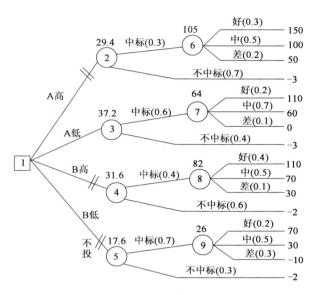

图4-3-1　决策树

(2) 计算决策树图中各机会点的期望值(将计算结果标在各机会点上方)。

点⑥：$150 \times 0.3 + 100 \times 0.5 + 50 \times 0.2 = 105$(万元)。

点②：$105 \times 0.3 - 3 \times 0.7 = 29.4$(万元)。

点⑦：$110 \times 0.2 + 60 \times 0.7 + 0 \times 0.1 = 64$(万元)。

点③：$64 \times 0.6 - 3 \times 0.4 = 37.2$(万元)。

点⑧：$110 \times 0.4 + 70 \times 0.5 + 30 \times 0.1 = 82$(万元)。

点④：$82 \times 0.4 - 2 \times 0.6 = 31.6$(万元)。

点⑨：$70 \times 0.2 + 30 \times 0.5 - 10 \times 0.3 = 26$(万元)。

点⑤：$26 \times 0.7 - 2 \times 0.3 = 17.6$(万元)。

(3) 选择最优方案。

因为点③的期望值最大,故应投A工程低标。

案例4-4

某路桥建设集团经研究决定参与某工程投标。经造价工程师估计,该工程估算成本为3亿元,其中材料费占60%。拟采用高、中、低3个报价方案的利润率分别为7%、4%、2%,根据过去类似工程的投标经验,相应的中标概率分别为0.2、0.5、0.9,编制投标文件的费用为10万元。该工程业主在招标文件中明确规定采用固定总价合同。据估计,在施工过程中材料费可能平均上涨3%(不考虑增价税的影响),其发生概率为0.6。

问题：

该投标人应按哪个方案投标？相应的报价为多少？

分析要点：

本案例虽然考核决策树方法的运用，但与案例 4-3 的前提条件和要求不同。本案例要求在熟练掌握决策树绘制的前提下，能正确计算得出类似于案例 4-3 表中的各项数据（解题时亦可不列表）。由于采用固定总价合同，故材料涨价将导致报价中的利润减少，且各方案利润减少额度和发生概率相同，从而使承包后的效果有好（材料不涨价）和差（材料涨价）两种。

在解题中还需注意以下问题：

(1) 题目中给定条件是"投标人经研究决定参与某工程投标"，故不考虑"不投标"方案，否则画蛇添足。

(2) 期望利润与实际报价中利润的区别。期望利润是综合考虑各投标方案中标概率和不中标概率所可能实现的利润，其数值大小是决策的依据，但并不是决策方案实际报价中的利润。因此，决策方案报价应为估算成本加上相应投标方案计算利润，而不是估算成本加上期望利润。

另外需要说明的是，材料涨价幅度有多种可能性，各种可能性的发生概率不尽相同，本题是从解题的角度加以简化了，可以理解为平均涨价幅度和平均发生概率（不是算术平均值，而是从期望值考虑的平均值）。

参考答案：

(1) 计算各投标方案的利润。

① 投高标材料不涨价时的利润：$30000 \times 7\% = 2100$（万元）。

② 投高标材料涨价时的利润：$2100 - 30000 \times 60\% \times 3\% = 1560$（万元）。

③ 投中标材料不涨价时的利润：$30000 \times 4\% = 1200$（万元）。

④ 投中标材料涨价时的利润：$1200 - 30000 \times 60\% \times 3\% = 660$（万元）。

⑤ 投低标材料不涨价时的利润：$30000 \times 2\% = 600$（万元）。

⑥ 投低标材料涨价时的利润：$600 - 30000 \times 60\% \times 3\% = 60$（万元）。

注：也可先算因材料涨价而增加的成本额度（$30000 \times 60\% \times 3\% = 540$ 万元），再分别从高、中、低 3 个报价方案的预期利润中予以扣除。

以上计算结果见下表。

表 4-4-1

方案	效果	概率	利润（万元）
高标	不涨价	0.4	2100
	涨价	0.6	1560
中标	不涨价	0.4	1200
	涨价	0.6	660
低标	不涨价	0.4	600
	涨价	0.6	60

(2)画出决策树,标明各方案的概率和利润,如图4-4-1所示。

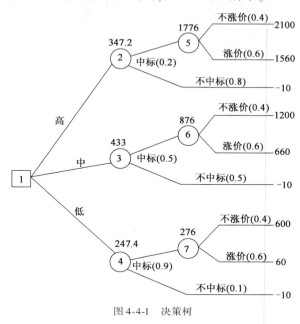

图4-4-1 决策树

(3)计算图中各机会点的期望值(将计算结果标在各机会点上方)。

点⑤:$2100 \times 0.4 + 1560 \times 0.6 = 1776$(万元)。

点②:$1776 \times 0.2 - 10 \times 0.8 = 347.2$(万元)。

点⑥:$1200 \times 0.4 + 660 \times 0.6 = 876$(万元)。

点③:$876 \times 0.5 - 10 \times 0.5 = 433$(万元)。

点⑦:$600 \times 0.4 + 60 \times 0.6 = 276$(万元)。

点④:$276 \times 0.9 - 10 \times 0.1 = 247.4$(万元)。

(4)决策。

因为点③的期望利润最大,故应投中标。相应的报价为$30000 \times (1 + 4\%) = 31200$(万元)。

 案例4-5

某投标人参与某独立大桥工程的投标。为了既不影响中标,又能在中标后取得较好的收益,决定采用不平衡报价法对原估价做适当调整,具体数字见表4-5-1。

表4-5-1

名称	基础工程	下部结构	上部结构	附属工程	合计
工期(月)	6	7	9	2	24
调整前(投标估价)(万元)	7980	10850	14130	3040	36000
调整后(正式报价)(万元)	8640	11830	12780	2750	36000

现假设贷款月利率为1%,并假设各分部工程之间顺序施工,无搭接,每月完成的工作量相同且能按月度及时收到工程款(不考虑工程款结算所需要的时间)。现值系数见下表。

表 4-5-2

n	2	6	7	9
$(P/A,1\%,n)$	1.9704	5.7955	6.7282	8.566

表 4-5-3

n	6	13	22	24
$(P/F,1\%,n)$	0.942	0.879	0.803	0.788

问题:

1. 该投标人所运用的不平衡报价法是否恰当?为什么?
2. 采用不平衡报价法后,该投标人所得工程款的现值比原估计增加多少?(以开工日期为折现点,计算结果保留2位小数)

分析要点:

本案例考核不平衡报价法的基本原理及其运用。首先,要明确不平衡报价法的基本原理是在估计(总价)不变的前提下,调整分项工程的单价,所谓"不平衡报价"是相对于单价调整前的"平衡报价"而言。通常对前期工程、工程量可能增加的工程(由于图纸深度不够)等,可将原估单价调高,反之则调低。其次,要注意单价调整时不能畸高畸低,一般来说,单价调整幅度不宜超过其±10%,只有对投标人具有特别优势的某些分项工程,才可适当增大调整幅度。

本案例要求运用工程经济学的知识,定量计算不平衡报价法所取得的收益。因此,要能熟练运用资金时间价值的计算公式和现金流量图。

计算中涉及2个现值公式,即:一次支付现值公式和等额年金现值公式。

应掌握上述两公式的具体计算式,在不给出有关表格的情况下,也应能正确计算出。本案例背景资料中给出了有关的现值系数表供计算时选用,目的在于使答案简明且统一。

参考答案:

问题1:

恰当。因为该投标人是将属于前期施工的基础工程和下部结构工程的报价调高,而将属于后期施工的上部结构工程和附属工程的报价调低,可以在施工的前期阶段收到较多的工程款,从而可以提高投标人所得工程款的现值。同时,不平衡报价调整的幅度在9.6%以内,调整没有畸高畸低,所以也是恰当的。

问题2:

计算单价调整前后的工程款现值。

(1)单价调整前的工程款现值:

基础工程每月工程款:$A_1 = 7980 \div 6 = 1330$(万元)。

下部结构工程每月工程款:$A_2 = 10850 \div 7 = 1550$(万元)。

上部结构工程每月工程款:$A_3 = 14130 \div 9 = 1570$(万元)。
附属工程每月工程款:$A_4 = 3040 \div 2 = 1520$(万元)。
则单价调整前的工程款现值:$PV_0 = 1330 \times 5.7955 + 1550 \times 6.7282 \times 0.9420 + 1570 \times 8.566 \times 0.8787 + 1520 \times 1.9704 \times 0.8034 = 7708.02 + 9823.84 + 11817.30 + 2406.19 = 31755.35$(万元)。

(2)单价调整后的工程款现值:

基础工程每月工程款:$A_1 = 8640 \div 6 = 1440$(万元)。
下部结构工程每月工程款:$A_2 = 11830 \div 7 = 1690$(万元)。
上部结构工程每月工程款:$A_3 = 12780 \div 9 = 1420$(万元)。
附属工程每月工程款:$A_4 = 2750 \div 2 = 1375$(万元)。
则单价调整前的工程款现值:$PV_1 = 1440 \times 5.7955 + 1690 \times 6.7282 \times 0.9420 + 1420 \times 8.566 \times 0.8787 + 1375 \times 1.9704 \times 0.8034 = 8345.52 + 10711.16 + 10688.26 + 2176.65 = 31921.59$(万元)。

(3)两者的差额为:

$PV_1 - PV_0 = 31921.59 - 31755.35 = 166.24$(万元)。

因此,采用不平衡报价法后,该投标人所得工程款的现值比原估价增加 166.24 万元。

案例 4-6

某公路连续梁桥施工招标文件的合同条款中规定:工程预付款数额为合同总价的 10%,开工日支付,上部结构工程完成一半时一次性全额扣回,工程款按季度支付。

投标人 C 对该项目投标,经造价工程师估算,总价为 9000 万元,总工期为 24 个月,为简化计算,假设各分部工程之间顺序施工,无搭接,其中:基础及下部结构工程估价为 1200 万元,工期 6 个月;上部结构工程估价为 4800 万元,工期为 12 个月;附属工程估价为 3000 万元,工期为 6 个月。

市场部经理认为,该工程虽然有预付款,但平时工程款按季度支付不利于资金周转,决定除按上述数额报价外,建议业主将付款条件改为:预付款为合同价的 5%,工程款按月度支付,其余条款不变。

假定贷款月利率为 1%(为简化计算,季利率取 3%),各分部工程每月完成的工作量相同且能按规定及时收到工程款(不考虑工程款结算所需要的时间)。年金终值系数见表 4-6-1,现值终值系数见表 4-6-2。

计算结果保留两位小数。

年金终值系数 $(F/A, i, n)$ 表 4-6-1

i	n						
	2	3	4	6	9	12	18
1%	2.010	3.030	4.060	6.152	9.369	12.683	19.615
3%	2.030	3.091	4.184	6.468	10.159	14.192	23.414

现值终值系数 $(F/P, i, n)$ 表 4-6-2

i	n						
	2	4	6	8	12	18	24
1%	1.020	1.041	1.062	1.083	1.127	1.196	1.270
3%	1.061	1.126	1.194	1.267	1.426	1.702	2.033

问题：

1. 该市场部经理所提出的方案属于哪一种报价技巧？运用是否得当？
2. 若投标人 C 中标且业主采纳其建议的付款条件，投标人 C 所得工程款的终值比原付款条件增加多少(以预计的竣工时间为终点)？

分析要点：

本案例考核多方案报价法的基本原理及其运用，问题 1 主要是注意多方案报价法与增加建议方案法的区别。

在运用报价技巧时，要尽可能进行定量分析，根据定量分析的结果，决定是否采用某种报价技巧，而不能仅凭主观臆断。本案例要求运用工程经济学的知识，定量计算多方案报价法所得收益。因此，要能熟练运用资金时间价值公式。

另外，为简化计算，本题作为已知条件给出了年金终值系数表和现金终值系数表。但在不给出相关表格的情况下，考生也应具备独立计算的能力。

参考答案：

问题 1：

该市场部经理所提出的方案属于多方案报价法，该报价技巧运用得当，因为投标人 C 仅建议修改付款条件，未改变报价，报价既适用于原付款条件，也适用于建议的付款条件，即对两个方案均进行了报价。

问题 2：

(1) 计算按原付款条件所得工程款的终值：

预付款：$A_0 = 9000 \times 10\% = 900$(万元)。

基础及下部结构工程每季工程款：$A_1 = 1200 \div 2 = 600$(万元)。

上部结构工程每季工程款：$A_2 = 4800 \div 4 = 1200$(万元)。

附属工程每季工程款：$A_3 = 3000 \div 2 = 1500$(万元)。

则按原付款条件所得工程款的终值为：$FV_0 = A_0(F/P, 3\%, 8) + A_1(F/A, 3\%, 2)(F/P, 3\%, 6) - A_0(F/P, 3\%, 4) + A_2(F/A, 3\%, 4)(F/P, 3\%, 2) + A_3(F/A, 3\%, 2) = 900 \times 1.267 + 600 \times 2.030 \times 1.194 - 900 \times 1.126 + 1200 \times 4.184 \times 1.061 + 1500 \times 2.030 = 9953.26$(万元)。

(2) 计算按建议的付款条件所得工程款的终值：

预付款：$A'_0 = 9000 \times 5\% = 450$(万元)。

基础及下部结构工程每月工程款：$A'_1 = 1200 \div 6 = 200$(万元)。

上部结构工程每月工程款：$A'_2 = 4800 \div 12 = 400$(万元)。

附属工程每月工程款：$A_3' = 3000 \div 6 = 500$（万元）。

则：按建议的付款条件所得的工程款的终值为：$FV' = A_0'(F/P,1\%,24) + A_1'(F/A,1\%,6)(F/P,1\%,18) - A_0'(F/P,1\%,12) + A_2'(F/A,1\%,12)(F/P,1\%,6) + A_3'(F/A,1\%,6) = 450 \times 1.270 + 200 \times 6.152 \times 1.196 - 450 \times 1.127 + 400 \times 12.683 \times 1.062 + 500 \times 6.152 = 9999.65$（万元）。

（3）两者的差额为：

$FV' - FV_0 = 9999.65 - 9953.26 = 46.39$（万元）。

因此，按建议的付款条件，投标人 C 所得工程款的终值比原付款条件增加 46.39 万元。

案例 4-7

某国有资金投资的特殊桥梁工程，由于技术难度大，对施工单位的施工技术和同类工程施工经验要求高，而且对工期的要求也比较紧迫，因此业主在对有关单位和在建工程考察的基础上，报有关主管部门批准，仅邀请了 3 家国有特级施工企业参加投标。招标文件要求投标单位将商务及技术文件、报价文件分别装订报送。招标文件的评标规定如下：

1. 第一个信封（商务及技术文件）共 40 分

施工组织设计 10 分：根据施工组织的合理性进行评分。

施工总工期 5 分：满足业主总工期要求（36 个月）者得 3 分，每提前 1 个月加 0.4 分，总分 5 分，不满足者不得分。

主要人员 10 分：项目经理为高工及以上得 2 分，有类似业绩一个得 2 分，每增加一个得 0.5 分，总分 5 分；总工程师为高工及以上得 2 分，有类似业绩一个得 2 分，每增加一个得 0.5 分，总分 5 分。

技术能力 3 分：具有项目施工有关的国家级工法、专利（发明专利或实用新型专利）、国家或省级科学技术进步奖，参加编制过国家、行业或地方标准 1 项得 1 分，每增加 1 项加 1 分，总分 3 分。

业绩 9 分：近 5 年有类似业绩 1 项得 6 分，每增加 1 项得 1 分，总分 9 分。

履约信誉 3 分：交通运输主管部门公布的信用等级 AA 级得 3 分，A 级得 2 分，B 级得 1 分，其他等级不得分。

2. 第二个信封（报价文件）共 60 分

报价超过最高投标限价（35800 万元）的为废标。评标价为各投标人的投标价，评标价平均值为所有投标人评标价的算术平均值，评标基准价为：最高投标限价 × 50% + 评标价平均值 × 50%，报价为评标基准价者得满分（60 分），报价比评标基准价每下降 1%，扣 1 分；每上升 1%，扣 2 分（计分按四舍五入取 1 位小数）。各投标单位的有关情况见表 4-7-1。

表 4-7-1

名　　称	投标单位		
	A	B	C
投标价（万元）	35642	34364	33867
施工组织设计评分	8.5 分	9.5 分	9 分

续上表

名　称	投标单位		
	A	B	C
总工期(月)	33	31	32
主要人员	项目经理为高工,业绩2项; 总工为高工,业绩3项	项目经理为高工,业绩2项; 总工为高工,业绩3项	项目经理为高工,业绩3项; 总工为高工,业绩3项
技术能力	3项	3项	2项
业绩	4项	3项	4项
履约信誉	A	AA	AA

✍ **问题：**

1. 该工程采用邀请招标方式且仅邀请3家施工单位投标,是否违反有关规定?为什么?

2. 请按综合得分最高者中标的原则确定中标单位。如果综合得分相同,施工组织设计得分高者中标。

✍ **分析要点：**

本案例考核招标方式和评标方法的运用。要求熟悉邀请招标的运用条件及有关规定,并能根据给定的评标办法正确选择中标单位。本案例所规定的评标办法排除了主观因素,因而各投标单位的技术标和商务标的得分均为客观得分。但是,这种"客观得分"是在主观规定的评标方法前提下得出的,实际上不是绝对客观的。因此,当各投标单位的得分较为接近时,需要慎重决策。

✍ **参考答案：**

问题1：

不违反(或符合)有关规定,且已得到有关主管部门的批准。因为根据有关规定,对于技术复杂的工程,允许采用邀请招标方式,邀请参加投标的单位不得少于3家。

问题2：

(1) 计算各投标单位的商务及技术文件得分,见表4-7-2。

表4-7-2

名　称	投标单位		
	A	B	C
施工方案	8.5	9.5	9
总工期(月)	$3+(36-33)\times 0.4=4.2$	$3+(36-31)\times 0.4=5$	$3+(36-32)\times 0.4=4.6$
主要人员	$(2+2+1\times 0.5)+$ $(2+2+2\times 0.5)=9.5$	$(2+2+1\times 0.5)+$ $(2+2+2\times 0.5)=9.5$	$(2+2+2\times 0.5)+$ $(2+2+2\times 0.5)=10$
技术能力	3	3	2
业绩	$6+3=9$	$6+2=8$	$6+3=9$
履约信誉	2	3	3
合计	36.2	38	37.6

(2) 三家投标人投标价均低于最高投标限价,报价有效。

评标价平均值 = (35642 + 34364 + 33867) ÷ 3 = 34624.3(万元)。

评标基准价 = 35800 × 50% + 34624.3 × 50% = 35212.2(万元)。

计算各投标单位的报价文件得分,见表4-7-3。

表4-7-3

投标单位	投标价(万元)	投标价与评标基准价的比例(%)	扣 分	得 分
A	35642	(35642/35212.2) × 100 = 101.2	(101.2 − 100) × 2 = 2.4	60 − 2.4 = 57.6
B	34364	(34364/35212.2) × 100 = 97.6	(100 − 97.6) × 1 = 2.4	60 − 1.2 = 57.6
C	33867	(33867/35212.2) × 100 = 96.2	(100 − 96.2) × 1 = 3.8	60 − 2.7 = 56.2

(3) 计算各投标单位的综合得分,见表4-7-4。

表4-7-4

投标单位	商务与技术文件得分	报价文件得分	综合得分
A	36.2	57.6	93.8
B	38	57.6	95.6
C	37.6	56.2	93.8

因为B公司综合得分最高,故应选择B公司为中标单位。

案例4-8

某工程采用公开招标方式进行施工招标,有A、B、C、D、E、F共6家投标人参加投标。经资格预审,该6家投标人均满足业主要求。该工程采用综合评分法,评标委员会由7名委员组成,评标的具体规定如下:

1. 第一个信封商务及技术文件共计40分,其中施工方案15分,总工期8分,工程质量6分,项目班子6分,企业信誉5分。商务及技术文件各项内容得分的计算方法为:在各评委评分中,去掉一个最高分和一个最低分后,其余分数的算术平均值。

各评委对6家投标人施工方案评分的汇总见表4-8-1。

表4-8-1

投标单位	评 委						
	1	2	3	4	5	6	7
A	13.0	11.5	12.0	11.0	11.0	12.5	12.5
B	14.5	13.5	14.5	13.0	13.5	14.5	14.5
C	12.0	10.0	11.5	11.0	10.5	11.5	11.5
D	14.0	13.5	13.5	13.0	13.5	14.0	14.5
E	12.5	11.5	12.0	11.0	11.5	12.5	12.5
F	10.5	10.5	10.5	10.0	9.5	11.0	10.5

2. 第二个信封(报价文件)。

报价文件共计60分。评标基准价计算方法为最高投标限价的30%与经第一阶段评审合格的投标人报价算术平均值的70%之和。报价高于最高投标限价则废标。

各投标人总工期、工程质量、项目班子、企业信誉得分的汇总见表4-8-2。

表4-8-2

投标单位	总工期	工程质量	项目班子	企业信誉
A	6.5	5.5	4.5	4.5
B	6.0	5.0	5.0	4.5
C	5.0	4.5	3.5	3.0
D	7.0	5.5	5.0	4.5
E	7.5	5.0	4.0	4.0
F	8.0	4.5	4.0	3.5

以评标基准价为满分(60分)，报价比评标基准价每下降1%，扣1分；报价比评标基准价每增加1%，扣2分，扣分不保底。

最高投标限价和投标人的报价汇总见表4-8-3。

表4-8-3

投标单位	A	B	C	D	E	F	最高投标限价
报价(万元)	13656	11108	14303	13098	13241	14125	14490

计算结果保留两位小数。

问题：

1. 请按综合得分最高者中标的原则确定中标单位。
2. 若该工程评标基准价为各投标人报价的算术平均数，其余评标规定不变，试按原定标原则确定中标单位。

分析要点：

本案例也是考核评标方法的运用，旨在强调双信封综合评分法所需注意的问题和报价合理性的要求。虽然评标大多采用定量计算的方法，但是实际仍然在相当程度上受主观因素的影响，这在评定商务及技术文件时显得尤为突出，因此需要在评标时尽可能减少这种影响。例如，本案例中将评委对商务及技术文件的评分是去除最高分和最低分再取算术平均数，其目的就在于此。报价文件的评分看似较为客观，但受评标具体规定的影响仍然很大。本案例通过问题2结果与问题1结果的比较，说明评标的具体规定不同，报价文件的评分结果就可能不同，甚至可能改变评标的最终结果。

参考答案：

问题1：

(1)计算各投标单位施工方案的得分，见表4-8-4。

表 4-8-4

投标单位	评委							平均得分
	1	2	3	4	5	6	7	
A	13.0	11.5	12.0	11.0	11.0	12.5	12.5	11.9
B	14.5	13.5	14.5	13.0	13.5	14.5	14.5	14.1
C	12.0	10.0	11.5	11.0	10.5	11.5	11.5	11.2
D	14.0	13.5	13.5	13.0	13.5	14.0	14.5	13.7
E	12.5	11.5	12.0	11.0	11.5	12.5	12.5	12.0
F	10.5	10.5	10.5	10.0	9.5	11.0	10.5	10.4

（2）计算各投标单位商务及技术文件的得分，见表 4-8-5。

表 4-8-5

投标单位	施工方案	总工期	工程质量	项目班子	企业信誉	合计
A	11.9	6.5	5.5	4.5	4.5	32.9
B	14.1	6.0	5.0	5.0	4.5	34.6
C	11.2	5.0	4.5	3.5	3.0	27.2
D	13.7	7.0	5.5	5.0	4.5	35.7
E	12.0	7.5	5.0	4.0	4.0	32.5
F	10.4	8.0	4.5	4.0	3.5	30.4

（3）计算各投标人的报价文件得分，见表 4-8-6。

评标基准价 = 14490 × 30% + (13656 + 11108 + 14303 + 13098 + 13241 + 14125) ÷ 6 × 70% = 13626（万元）。

表 4-8-6

投标单位	报价（万元）	报价与基准价的比例(%)	扣分	得分
A	13656	(13656/13626) × 100 = 100.22	(100.22 - 100) × 2 = 0.44	59.56
B	11108	(11108/13626) × 100 = 81.52	(100 - 81.52) × 1 = 18.48	41.52
C	14303	(14303/13626) × 100 = 104.97	(104.97 - 100) × 2 = 9.94	50.06
D	13098	(13098/13626) × 100 = 96.13	(100 - 96.13) × 1 = 3.87	56.13
E	13241	(13241/13626) × 100 = 97.17	(100 - 97.17) × 1 = 2.83	57.17
F	14125	(14125/13626) × 100 = 103.66	(103.66 - 100) × 2 = 7.32	52.68

各投标人的报价均低于最高投标限价。

（4）计算各投标人的综合得分，见表 4-8-7。

表 4-8-7

投标单位	商务及技术文件得分	报价文件得分	总分
A	32.9	59.56	92.46
B	34.6	41.52	76.12
C	27.2	50.06	77.26

续上表

投标单位	商务及技术文件得分	报价文件得分	总　分
D	35.7	56.13	91.83
E	32.5	57.17	89.67
F	30.4	52.68	83.08

投标人 A 的综合得分最高，故应选择其为中标单位。

问题 2：

（1）计算各投标人的报价文件得分，见表 4-8-8。

评标基准价 = (13656 + 11108 + 14303 + 13098 + 13241 + 14125) ÷ 6 = 13255（万元）。

表 4-8-8

投标单位	报价（万元）	报价与基准价的比例（%）	扣　分	得　分
A	13656	(13656/13255) × 100 = 103.03	(103.03 − 100) × 2 = 6.06	53.94
B	11108	(11108/13255) × 100 = 83.80	(100 − 83.80) × 1 = 16.20	43.8
C	14303	(14303/13255) × 100 = 107.91	(107.91 − 100) × 2 = 15.82	44.18
D	13098	(13098/13255) × 100 = 98.82	(100 − 98.82) × 1 = 1.18	58.82
E	13241	(13241/13255) × 100 = 99.89	(100 − 99.89) × 1 = 0.11	59.89
F	14125	(14125/13255) × 100 = 106.56	(106.56 − 100) × 2 = 13.12	46.88

（2）计算各投标人的综合得分，见表 4-8-9。

表 4-8-9

投标单位	商务及技术文件得分	报价文件得分	综合得分
A	32.9	53.94	86.84
B	34.6	43.8	78.4
C	27.2	44.18	71.38
D	35.7	58.82	94.52
E	32.5	59.89	92.39
F	30.4	46.88	77.28

投标人 D 的综合得分最高，故应选择其为中标单位。

案例 4-9

某公路桥梁工程由于技术复杂、工期紧，经有关部门批准，业主经过多方了解，邀请了 A、B、C 3 家技术实力和资信俱佳的投标人参加该项目的投标。

招标文件中规定：评标时采用合理低价法中标的原则，但最低投标价低于次低投标价 10% 的报价将不予考虑。工期不得长于 18 个月，若投标人自报工期少于 18 个月，在评标时将考虑其给业主带来的收益，折算成综合报价后进行评标。若实际工期短于自报工期，每提前 1 天奖励 1 万元；若实际工期超过自报工期，每拖延 1 天罚款 2 万元。

A、B、C 3 家投标人投标书中与报价和工期有关的数据汇总见表4-9-1,现值系数见表4-9-2。

表4-9-1

投标人	基础工程		下部结构工程		上部及附属工程		上部及附属工程与下部结构工程搭接时间(月)
	报价(万元)	工期(月)	报价(万元)	工期(月)	报价(万元)	工期(月)	
A	4000	4	10000	10	10200	6	2
B	4200	3	10800	9	9600	6	2
C	4200	3	11000	10	10000	5	3

假定贷款月利率为1%,各分部工程每月完成的工作量相同,在评标时考虑工期提前给业主带来的收益为每月400万元。

表4-9-2

n	2	3	4	6	7	8	9	10	12	13	14	15	16
$(P/A,1\%,n)$	1.970	2.941	3.902	5.795	6.728	7.625	8.566	9.471	—	—	—	—	—
$(P/F,1\%,n)$	0.980	0.971	0.961	0.942	0.933	0.923	0.914	0.905	0.887	0.879	0.870	0.861	0.853

问题:

1. 《中华人民共和国招标投标法》对中标人的投标应当符合的条件是如何规定的?
2. 若不考虑资金的时间价值,应选择哪家投标人作为中标人?
3. 若考虑资金的时间价值,应选择哪家投标人作为中标人?(计算结果保留两位小数)

分析要点:

本案例考核《中华人民共和国招标投标法》关于中标人的投标应当符合条件的规定,以及最低投标价格中标原则的具体运用。

明确规定允许最低投标价格中标是《中华人民共和国招标投标法》与之前招标投标有关法规的重要区别之一,符合一般项目招标人的利益。但招标人在运用这一原则时,需把握两个前提:一是中标人的投标文件应当满足招标文件的实质性要求;二是投标价格不得低于成本。本案例背景资料隐含了这两个前提。

本案例并未直接采用最低投标价格中标原则,而是将工期提前给业主带来的收益折算成综合报价,以综合报价最低者中标,并分别从不考虑资金时间价值和考虑资金时间价值的角度进行定量分析,其中前者较为简单和直观,而后者更符合一般投资者(招标人)的利益和期望。

在解题时需注意以下几点:

(1)各投标人自报工期的计算,应扣除上部及附属工程与下部结构工程的搭接时间。

(2)在搭接时间内现金流量应叠加,在现金流量图上一定要标明,但在计算年金现值时,并不一定要把搭接期独立分开计算。

(3)是求出年金现值后再按一次支付折成现值的时点,尤其不要将各投标人报价折现的时点相混淆。

参考答案：

问题 1：

《中华人民共和国招标投标法》第四十一条规定，中标人的投标应符合下列条件之一：

(1)能够最大限度地满足招标文件中规定的各项综合评价标准。

(2)能够满足招标文件的实质性要求，并且经评审的投标价格最低；但是投标价格低于成本的除外。

问题 2：

(1)投标人 A 的总报价为：$4000+10000+10200=24200$(万元)。总工期为：$4+10+6-2=18$(月)。相应的综合报价为 $P_A=24200$(万元)。

(2)投标人 B 的总报价为：$4200+10800+9600=24600$(万元)。总工期为：$3+9+6-2=16$(月)。相应的综合报价为 $P_B=24600-400\times(18-16)=23800$(万元)。

(3)投标人 C 的总报价为：$4200+11000+10000=25200$(万元)。总工期为：$3+10+5-3=15$(月)。相应的综合报价为 $P_C=25200-400\times(18-15)=24000$(万元)。

因此，若不考虑资金的时间价值，投标人 B 的综合报价最低，应选择其作为中标人。

问题 3：

解法 1：(1)计算投标人 A 综合报价的现值：

基础工程每月工程款：$A_{1A}=4000/4=1000$(万元)。

下部结构工程每月工程款：$A_{2A}=10000/10=1000$(万元)。

上部及附属工程每月工程款：$A_{3A}=10200/6=1700$(万元)。

其中，第 13 个月和第 14 个月的工程款为：$A_{2A}+A_{3A}=1000+1700=2700$(万元)。

则投标人 A 的综合报价的现值为：$1000\times3.902+1000\times7.625\times0.961+2700\times1.970\times0.887+1700\times3.902\times0.870=21718.64$(万元)。

(2)计算投标人 B 综合报价的现值：

基础工程每月工程款：$A_{1B}=4200/3=1400$(万元)。

下部结构工程每月工程款：$A_{2B}=10800/9=1200$(万元)。

上部及附属工程每月工程款：$A_{3B}=9600/6=1600$(万元)。

工期提前每月收益：$A_{4B}=400$(万元)。

其中，第 11 个月和第 12 个月的工程款为：$A_{2B}+A_{3B}=1200+1600=2800$(万元)。

则投标人 B 的综合报价的现值为：$1400\times2.941+1200\times6.728\times0.971+2800\times1.970\times0.905+1600\times3.902\times0.887-400\times1.970\times0.853=21814.40$(万元)。

(3)计算投标人 C 综合报价的现值：

基础工程每月工程款：$A_{1C}=4200/3=1400$(万元)。

下部结构工程每月工程款：$A_{2C}=11000/10=1100$(万元)。

上部及附属工程每月工程款：$A_{3C}=10000/5=2000$(万元)。

工期提前每月收益：$A_{4C}=400$(万元)。

其中，第 11 个月至第 13 个月的工程款为：$A_{2C}+A_{3C}=1100+2000=3100$(万元)。

则投标人 C 的综合报价的现值为:$1400 \times 2.941 + 1100 \times 6.728 \times 0.971 + 3100 \times 2.941 \times 0.905 + 2000 \times 1.970 \times 0.879 - 400 \times 2.941 \times 0.861 = 22004.93$(万元)。

因此,若考虑资金的时间价值,投标人 A 的综合报价最低,应选择其作为中标人。

解法 2:(1)计算投标人 A 综合报价的现值:
$1000 \times 3.902 + 1000 \times 9.471 \times 0.961 + 1700 \times 5.795 \times 0.887 = 21741.91$(万元)。

(2)计算投标人 B 综合报价的现值:
$1400 \times 2.941 + 1200 \times 8.566 \times 0.971 + 1600 \times 5.795 \times 0.905 - 400 \times 1.970 \times 0.853 = 21817.50$(万元)。

(3)计算投标人 C 综合报价的现值:
$1400 \times 2.941 + 1100 \times 9.471 \times 0.971 + 2000 \times 4.853 \times 0.905 - 400 \times 2.941 \times 0.861 = 22004.42$(万元)。

因此,若考虑资金的时间价值,投标人 A 的综合报价最低,应选择其作为中标人。

第五章 交通运输工程合同价款管理

本章基本知识点

1. 工程合同价款的约定与调整起因。
2. 工程价款调整的基本方法与计算规则。
3. 工程合同争议的处理。
4. 工程变更的处理。
5. 工程变更单价的计算。
6. 工程索赔的内容与分类。
7. 工程索赔成立的条件与证据。
8. 工程索赔程序。
9. 工程索赔文件的组成。
10. 工程索赔的计算。

案例 5-1

某建设单位(甲方)拟修建一条二级公路,采用《公路工程标准施工招标文件》(2018年版)招标,由某施工单位(乙方)承建。甲乙双方签订的施工合同摘要如下:

1. 协议书与下列文件一起构成合同文件

①中标通知书;②投标函及招标函附录;③项目专用合同条款;④公路工程专用合同条款;⑤通用合同条款;⑥工程量清单计量规则;⑦技术规范;⑧图纸;⑨已标价工程量清单;⑩承包人有关人员、设备投入的承诺及投标文件中的施工组织设计;⑪其他合同文件。

上述文件互相补充和解释,如有不明确或不一致之处,以上述顺序作为优先解释顺序(合同履行过程中另行约定的除外)。

签约合同价:人民币(大写)贰亿玖仟伍佰叁拾玖万元(295390000.00元)。

合同工期:2年。

承包人项目经理:在开工前由承包人采用内部竞聘方式确定。

工程质量:建设单位规定的质量标准。

2. 专用条款中有关合同价款的条款

(1) 合同价款及其调整。

本合同价款采用总价合同方式确定,除如下约定外,合同价款不得调整。

①当工程量清单项目工程量的变化幅度在 15% 以上时,合同价款可作调整。

②当材料价格上涨超过 5% 时,调整相应工程价款。

(2) 合同价款的支付。

①工程预付款:于开工之日支付合同总价的 10% 作为开工预付款。工程实施后,预付款从工程后期进度款中扣回。

②为确保工程如期交工,乙方不得因甲方资金的暂时不到位而停工和拖延工期。

③交工结算:工程交工验收后,进行交工结算。结算时按全部工程造价的 3% 扣留工程质量保证金。在保修期满后(本项目缺陷责任期为 2 年,缺陷责任期完成后进入保修期,规定保修期为 5 年),质量保证金及其利息扣除已支出费用后的剩余部分退还给乙方。

3. 补充协议条款

在上述施工合同协议条款签订后,甲乙双方又接着签订了补充施工合同协议条款。摘要如下:

补 1:为满足地基承载力和抗冻性的要求,涵底增加 30cm 砂砾垫层。

补 2:为了达到去钢材产能,缩短工期的目的,将预应力混凝土小箱梁全部改为小型钢箱梁。

补 3:对桩基溶洞填充 C15 片石混凝土并埋设钢护筒。

问题:

1. 该合同签订的条款有哪些不妥当之处?应如何修改?
2. 公路工程合同一般分为哪几种?各适合什么情况?
3. 对合同中未规定的承包商义务,合同实施过程中又必须实施的工程内容,承包商应如何处理?

分析要点:

本案例主要涉及公路工程施工合同的基本构成和工程合同价款的约定、支付、调整等内容。涉及合同条款签订中易发生争议的若干问题;施工过程中出现合同未规定的承包义务,但又必须实施的工程内容,承包商如何处理;工程质量保证金的保留与返还等问题。主要依据《公路工程标准施工招标文件》(2018 年版)、《公路工程质量检验评定标准 第一册 土建工程》(JTG F80/1—2017)。

参考答案:

问题 1:

该合同条款存在的不妥之处及其修改如下:

(1) 承包人在开工前采用内部竞聘方式确定项目经理不妥。应明确为投标文件中拟定的项目经理。除合同条款约定的特殊情形外,投标人在投标文件中填报的项目经理不允许更换。

(2) 工程质量为建设单位规定的质量标准不妥。本工程是公路项目,为国家的基础设施,工程质量验收按技术规范及《公路工程质量检验评定标准 第一册 土建工程》

（JTG F80/1—2017）执行。

（3）本合同价款采用总价合同方式确定不妥，按工程量清单招标方式招标的合同，合同价款应采用单价合同方式确定，采用工程量清单计量规则计量。

（4）按工程量变化幅度和材料上涨幅度调整工程价款的约定不妥。应在专用条款中全面约定工程量价款可以调整的内容和调整方法。

（5）工程预付款的扣回时间不妥。开工预付款在进度付款证书的累计金额未达到签约合同价的30%之前不予扣回，在达到签约合同价的30%之后，开始按工程进度以固定比例（即每完成签约合同价的1%，扣回开工预付款的2%）分期从各月的进度付款证书中扣回，全部金额在进度付款证书的累计金额达到签约合同价的80%时扣完。

（6）工程质量保证金返还时间不妥。在约定的缺陷责任期满且质量监督机构已按规定对工程质量检测鉴定合格的情况下，承包人向发包人申请到期应返还承包人剩余的质量保证金。

（7）补充施工合同协议条款不妥。在补充协议中，未明确相应价款由谁承担及费用增减计价原则，未明确工期的调整情况。

（8）为确保工程如期交工，乙方不得因甲方资金的暂时不到位而停工和拖延工期。条款不妥，失去了公正性，应该提出甲方资金不到位，相应的违约条款。

问题2：

公路工程的合同类型一般分为总价合同、单价合同和成本加酬金合同。总价合同对施工图纸的质量要求很高，只适用于施工图纸明确、工程规模较小且技术不太复杂的工程，目前对于PPP项目也经常采用施工总承包的总价合同。单价合同对于施工图纸和设计深度适应性广，适用于后期的变更和索赔，对承包商的风险小，但管理工作相对较大。成本加酬金合同，主要适用于开工前对工程内容尚不十分清楚的项目。

问题3：

首先应及时与甲方协商，确认该部分工程内容是否由乙方完成。如果需要由乙方完成，对于一般零星项目或工作，经监理人同意后可按计日工的形式处理。但对于较大的合同工作内容变化，应与甲方商签补充合同条款，就该部分工程内容明确双方各自的权利、义务，并对工程计划作出相应的调整。如果由其他承包商完成，乙方也要与甲方就该部分工程内容的协作配合条件及相应的费用等问题达成一致意见，以保证工程的顺利进行。

案例 5-2

某路基土、石方工程，主要的分项工程包括开挖土方、填方等，按《公路工程标准施工招标文件》（2018年版）中合同协议书格式签订的施工承包合同规定，按实际完成工程量计价。根据合同的规定，承包人必须严格按照施工图及承包合同规定的内容及技术规范要求施工，工程量由监理人负责计量，工程的总价款根据承包人取得计量证书的工程量进行结算。工程开工前，承包人向业主提交了施工组织设计和施工方案并得到批准。

问题：

1.根据该工程的合同特点，监理人提出了计量支付的程序要求如下，试改正其不恰当和错误的地方。

（1）对已完成的分项工程向业主申请质量认证。

（2）在协议约定的时间内向监理人申请计量。

（3）监理人对实际完成的工程量进行计量，签发计量证书给承包人。

（4）承包人凭质量认证和计量证书向业主提出付款申请。

（5）监理人复核申报资料，确定支付款项，批准向承包人付款。

2. 在工程施工过程中，当进行到施工图所规定的处理范围边缘时，承包人为了使压实质量得到保证，将压实范围适当扩大，施工完成后，承包人将扩大范围的施工工程量向监理人提出计量付款的要求，但遭到拒绝。试问监理人为什么会做出这样的决定？

3. 在工程施工过程中，承包人根据业主指示就部分工程进行了变更施工，试问变更部分合同价款应根据什么原则进行确定？

4. 在土方开挖过程中，有两个重大原因使工期发生较大的拖延：一是土方开挖时遇到了一些地质勘探没有探明的孤石，排除孤石拖延了一定的时间；二是施工过程中遇到数天季节性小雨，由于雨后土中含水率过大不能立即进行压实施工，从而耽误了工期。随后，承包人按照正常索赔程序向监理人提出延长工期并补偿停工期间窝工损失要求。试问监理人是否该受理这两起索赔事件？为什么？

分析要点：

本案例主要考核工程计量及工程款支付程序，监理人在工程合同管理中的地位和作用，监理人的工作职责，工程变更价款的确定原则，以及因工程地下障碍、气候条件等事件引起工程费用增加和工期延长的责任划分原则。

参考答案：

问题1：

计量支付的要点：

(1) 对已完成的分项工程向监理人申请质量认证。

(2) 取得质量认证后在合同约定的时间内向监理人申请计量。

(3) 监理人按照合同约定的计量方法对合同规定范围内的工程量进行计量，签发计量证书给承包人。

(4) 承包人凭质量认证和计量证书向监理人提出付款申请。

(5) 监理人审核申报资料，确定支付款额，向业主提供付款证明文件。

问题2：

监理人拒绝的原因：按工程量清单计量规则该部分的工程量属于附属工作，已综合在工程量清单单价中，不单独计量。

问题3：

变更价款原则的确定：

(1) 如果取消某项工作，则该项工作的总额价不予支付。

(2) 已标价工程量清单中有适用于变更工作子目的，采用该子目的单价。

(3)已标价工程量清单中无适用于变更工作的子目,但有类似子目的,可在合理范围内参照类似子目的单价,由监理人按第3.5款商定或确定变更工作的单价。

(4)已标价工程量清单中无适用或类似子目的单价,可在综合考虑承包人在投标时所提供的单价分析表的基础上,由监理人按第3.5款商定或确定变更工作的单价。

(5)如果本工程的变更指示是因承包人过错、承包人违反合同或承包人责任造成的,则这种违约引起的任何额外费用应由承包人承担。

问题4:

对两项索赔的处理:

(1)对处理孤石引起的索赔,这是预先无法估计的情况,该项索赔应予受理。

(2)阴雨天气属正常季节性的自然现象,不属于异常恶劣的气候条件,这是有经验的承包人预先应估计的因素,在合同期内应作考虑,因而索赔理由不成立,该项索赔应予驳回。

案例5-3

某高速公路合同段,开工前承包人提交了总体施工组织计划并通过监理人的批准。

由于某段填方路基红线外有数户民房与红线距离较近,3月5日施工单位进行路基碾压时,由于振动导致一户民房开裂,因此赔偿10万元损失。此后村民不同意在民房附近300m采用振动压路机压实路基,承包人只得改用静力压实,减小铺筑厚度并报监理人批准执行,由此增加工程费用15万元,并因工效降低,较原计划工期延长50天。

路基填筑到96天后,未施工任何坡面防护工程。进入雨季,当地雨季降雨频繁,路基边坡冲刷严重。6月20日A地点因泥沙冲积淹没了附近水田、鱼塘。B地点因无防护排水设计,一段路基被水浸泡,边坡滑塌,同时淹没一片花圃。为此,承包人在A地赔偿损失11万元,清理泥沙发生费用5万元;在B地处理边坡滑塌发生费用1万元,赔偿花圃损失3万元。随后监理人下发指令,要求承包人修整边坡,修建防护排水设施。为此承包人修整边坡发生费用3万元,修建排水设施发生费用4万元。B地积水原因在于设计疏忽,一处堰塘泄洪水沟被路基截断,未做任何设计处理,业主核查后决定增设一处圆管涵并委托设计单位进行了设计补充。设计单位提供的补充图纸按原地面设计,圆管涵主要工程量为:基坑开挖土方$250m^3$、回填土方$150m^3$、圆管涵长50m。雨季结束后承包人按设计单位提供的补充施工图进行了施工。但因此时路基填筑已经完成,施工单位实际发生的涵洞工程数量为:开挖土方$1000m^3$、回填土方$900m^3$、圆管涵长50m。

承包人于3月7日向监理人提交报告,要求业主承担由于施工振动产生的民房赔偿费用10万元,理由是由于业主拆迁范围过小,民房离红线距离太近,施工影响不能避免,同时上报了更改施工工艺的建议。经监理人批准施工工艺变更后,3月20日承包人再次提交报告要求因施工工艺改变补偿费用15万元,工期延长50天。

承包人于6月23日向监理人提交报告,要求补偿费用27万元,理由是:①降雨影响非承包人原因造成;②监理人指令增加临时工程。

问题:

1.承包人的索赔理由成立吗?如果成立,哪些费用可得到补偿?

2. 业主指令增加圆管涵后,承包人提交了变更申请,申请支付的细目为:开挖土方 1000m³、结构物回填土方 900m³、圆管涵 50m。但是监理人认为圆管涵以延米计量,开挖回填等均作为附属工作不另行计量,只给予计量圆管涵 50m,是否妥当?如有不妥请按合理的方式给予计量。

分析要点:

本案例主要考核索赔成立的条件与索赔责任的划分,以及变更费用的确定。

参考答案:

问题 1:

承包人索赔的理由部分成立,可以批准的索赔金额为 11 万元。

(1) 路线沿线情况在图纸中已有反映,按照招标程序,承包人已对工程现场进行了勘察,应认为有经验的承包人在投标时已充分考虑了可能影响工程施工组织及造价的全部因素。合同规定承包人应采取可靠措施确保沿线居民的生产生活不受影响,确保邻近的构筑物不受损坏,由此造成的一切损失由承包人承担。合同价格不因选择施工方法的不同而改变。因此 3 月 7 日及 3 月 20 日上报的索赔不成立。

(2) 降雨是季节性的自然现象,作为有经验的承包人应在雨季到来之前妥善安排雨季施工措施,结合永久性工程做好必要的临时性防护及排水工程,切实保证工程安全。由于承包人未能切实做好相关措施导致的一切损失由承包人承担。监理人指令增加临时防护排水工程是为了更好地保护已完成的工程,避免更大损失,不能作为索赔依据。

(3) B 地由于设计不完善造成积水,引起工程损失和周边财产损失,不是承包人的责任。根据合同通用条款 9.1.3(发包人应负责赔偿以下各种情况造成的第三者人身伤亡和财产损失:a. 工程或工程的任何部分对土地的占用所造成的第三者财产损失;b. 由于发包人原因在施工场地及其毗邻地带造成的第三者人身伤亡和财产损失),应由业主承担,赔偿花圃损失 3 万元,修整边坡 3 万元,修建防护排水设施费用 4 万元,处理边坡滑塌发生费用 1 万元,合计 11 万元。

问题 2:

不妥,虽然合同约定圆管涵按延米计量,其他工作作为附属工作,不另行计量,但这是在通常施工条件下的计量规则。本项目设计遗漏该处涵洞,路基已填筑完成,后增设圆管涵,必然导致已填筑路基的开挖和重新填筑,所以圆管涵的实际开挖数量不应按照原地面线计算。故原地面以下的开挖和回填应认为包含在合同约定的综合单价内以延米计量,因此除圆管涵 50m 通常计量外,尚应增加开挖土方 750m³、回填土方 750m³ 两项计量细目。

案例 5-4

某公路项目合同条款规定,变更工程单价的确定原则:已标价工程量清单中有适用于变更工作子目的,采用该子目的单价;已标价工程量清单中无适用于变更工作的子目,但有类似子目的,可在合理范围内参照类似子目的单价确定变更工作的单价;已标价工程量清单中无适用或类似子目的单价,应重新作价。施工中因实际情况需要,变更增加平交口接线20cm厚水泥混凝土路面。合同工程量清单中,有隧道内20cm厚水泥混凝土路面子目,清单单价为132元/m²,承包人以此向监理人提出,按合同条款、约定,接线20cm厚水泥混凝土路面单价应直接套用隧道内20cm厚水泥混凝土路面清单单价作为变更单价。

问题:

请问承包人的要求是否合理?如果不合理,该如何确定接线20cm厚水泥混凝土路面的清单单价?

分析要点:

直接或间接套用相似工程单价,是确定工程变更单价常用的方法,本案例虽同为20cm厚水泥混凝土路面,但隧道洞内与洞外施工存在人工、机械消耗上的差异,因此不能直接套用洞内清单子目单价。

参考答案:

承包人的要求不合理。因为虽然同为20cm厚水泥混凝土路面,但洞内、外施工工效存在一定的差异,所以洞外不应直接套用洞内工程清单子目单价。

接线20cm厚混凝土路面清单子目单价应采用类似单价方法确定,即洞内子目单价减洞内外的差价即可。洞内外差价计算见下表(差价应为表中定额单价之和)。

表 5-4-1

序号	工程细目名称	单位	工程量	定额代号	取费类别	定额系数或调整
1	洞内混凝土路面20cm厚	1000m²	0.001	2-2-17-5	路面	人工、机械系数乘以1.26
2	洞外混凝土路面20cm厚	1000m²	-0.001	2-2-17-5	路面	

案例 5-5

国内某工程参照FIDIC合同条件约定,某清单细目结算工程量高于合同清单细目工程量的25%时,超出部分的工程量单价调减;某清单细目结算工程量低于合同清单细目工程量的75%时,该清单细目单价调增,具体调整由承包人与监理人、业主商定。

该工程中某钢筋混凝土清单细目,单价1000元/m³,合同清单数量8300m³,由于工程变更,结算工程量为12500m³,因此承包人在规定的时限内提出了书面的调整通知。

问题:

通过承包人、监理人和业主商定,超出部分的钢筋混凝土单价为900元/m³。请问业主应付给承包人总计多少元?

分析要点:

本案例主要考核工程量变更后,工程价款的计算原则。

参考答案:

(1) 工程量的变化:

增加的工程量:$12500-8300=4200(m^3)$;工程量变化比例:$4200\div8300=50.6\%$。

增加的工程量已超过原工程量的25%,25%以内的钢筋混凝土按原合同单价计算,25%以外的钢筋混凝土按新单价计算。

(2) 费用计算:

$8300\times(1+0.25)\times1000+[12500-8300\times(1+0.25)]\times900=12287500$(元)。

案例5-6

国内某公路工程项目,招标文件采用《公路工程标准施工招标文件》(2018年版)编制,施工过程中发生如下事件:水中桥墩承台基础工程,对应合同清单的计量支付细目为410-1-a承台基础混凝土(C25混凝土),清单工程量为350m³,综合单价为580元/m³,工程开工后,经设计验算,承台混凝土强度等级需变更为C30混凝土,变更设计后,承台底面高程、顶面高程及结构尺寸均未调整。

问题:

该承台混凝土强度等级调整后,已办理了相关变更手续,新的计量支付细目为410-1-b承台基础混凝土(C30混凝土),清单工程量为350m³。依据《公路工程标准施工招标文件》(2018年版)的规定,并经监理工程师协商约定,该设计变更新增单价(410-1-b)以原支付细目(410-1-a)单价为基础进行计算,预算定额调整材料价差及税金。试计算变更后C30混凝土的综合单价[计算假定:C25及C30混凝土均采用32.5级水泥、4cm碎石,不考虑外加剂;承台基础混凝土采用混凝土输送泵浇筑、无底模;材料单价按照现行《公路工程预算定额》(下册)附录四定额人工、材料、设备单价表中的基价计算,增值税税率为9%]。

分析要点:

本案例主要考核设计变更后工程价款的计算原则,及对现行《公路工程预算定额》附录中基本定额使用的掌握程度。

综合单价包括人工费、材料费、机械台班使用费、措施费、管理费、利润、税金等,背景条件中仅是混凝土的强度等级增加了,因此仅需综合考虑由材料改变需要增加或减少的费用即可。

参考答案:

依据合同条件的规定,该承台基础工程变更设计后,其高程、结构尺寸等均未修改,仅混凝土强度等级由C25变更为C30,因此,适用于变更估价原则的第(3)条,即:已标价工程量清单中无适用于变更工作的子目,但有类似子目的,可在合理范围内参照类似子目的单价。即可依据原清单支付号410-1-a综合单价(580元/m³),调整混凝土材料费用,从而确定410-1-b承台基础混凝土(C30混凝土)的综合单价。计算过程及计算结果如下:

(1) 410-1-a 承台基础混凝土(C25 混凝土)子目中混凝土各材料单位用量按现行《公路工程预算定额》4-6-1-10 定额计算为：

每立方米混凝土 32.5 级水泥用量 = 3.869 ÷ 10 = 0.3869(t)；

每立方米混凝土中(粗)砂用量 = 6.03 ÷ 10 = 0.603(m^3)；

每立方米混凝土碎石(4cm)用量 = 7.59 ÷ 10 = 0.759(m^3)。

(2) 410-1-b 承台基础混凝土(C30 混凝土)子目中混凝土各材料单位用量按现行《公路工程预算定额》4-6-1-10 定额及基本定额混凝土配合比表计算为：

每立方米混凝土 32.5 级水泥用量 = 0.42 × 10.4 ÷ 10 = 0.4368(t)；

每立方米混凝土中(粗)砂用量 = 0.56 × 10.4 ÷ 10 = 0.582(m^3)；

每立方米混凝土碎石(4cm)用量 = 0.73 × 10.4 ÷ 10 = 0.759(m^3)。

(3) 410-1-b 承台基础混凝土(C30 混凝土)与 410-1-a 承台基础混凝土(C25 混凝土)混凝土单价差值计算：

32.5 级水泥费用差 = (0.4368 − 0.3869) × 307.69 = 15.35(元)；

中(粗)砂费用差 = (0.582 − 0.603) × 87.38 = −1.83(元)；

碎石(4cm)费用差 = (0.759 − 0.759) × 86.41 = 0(元)；

混凝土材料差合计 = 15.35 − 1.83 + 0 = 13.52(元)；

增值税税金 = 13.52 × 9% = 1.22(元)；

考虑税金后的材料费单价差合计 = 13.52 + 1.22 = 14.74(元)。

(4) 410-1-b 承台基础混凝土(C30 混凝土)综合单价计算：

综合单价 = 580 + 14.74 = 594.74(元/m^3)。

案例 5-7

某高速公路合同段，主要工程量包含一座大型互通式立交桥。红线周边居民较密集。按《公路工程标准施工招标文件》(2018 年版)公开招标，确定承包人并签订了施工合同。投标报价中利润率为各项成本费用的 5%，增值税税率 9%。工程开工前承包人上报了施工组织计划并获得批准。工程开工后发生了如下事件：

事件 A：原计划 4 月 30 日全部完成的拆迁至 5 月 15 日才完成，导致部分桩基无法按计划进行施工，其中某部分位于批准的施工组织计划关键线路上的桩基计划开工时间为 5 月 6 日，因此推迟至 5 月 16 日开工，造成窝工 600 工日(投标报价文件中人工工日单价 120 元，窝工单价按日单价的 60% 计算)，设备 A 闲置 60 台班(投标报价文件中机械台班单价为 1500 元/台班，设备不变费用 1000 元/台班)，设备 B 闲置 75 台班(投标报价文件中机械台班单价为 1200 元/台班，设备不变费用 800 元/台班)。

事件 B：至 6 月 10 日，因部分桩基与红线外民房距离较近，冲击振动影响较大，被居民阻工，被迫停工 10 天，该工序位于批准的施工组织计划关键线路中。经施工、监理、业主共同研究决定改用回旋机钻成孔。调运更换机械及窝工损失 20 万元，因更改施工工艺导致后续施工费用增加 30 万元。

事件 C：进入上部结构施工后，突然接到业主通知，因市政规划原因匝道工程暂时停工，等待重新设计。匝道工程处于批准的施工组织计划的关键线路上。接到通知时,用于上部施工的匝道桥支架已搭设800t,经测算搭拆支架的综合单价为400元/t,已制作模板4000m²,综合单价80元/m²,完成钢筋制作400t,钢筋的清单综合单价6000元/t,当时的废钢材回收价格为2000元/t,地面硬化及其他费用20万元。90天后业主下发了新施工图并要求按新设计进行施工。按新施工图编制施工组织设计,匝道施工期比原施工期增加20天。新设计导致原设计匝道基础及下部工程全部不能利用,报废工程500万元(实体已计量支付)。

事件A发生后,承包人向监理人提交了索赔报告,要求延长工期15天,并补偿费用252000元(计算式为600×120+60×1500+75×1200)、利润25200元。

事件B发生后,承包人向监理人提交了索赔报告,要求延长工期10天,并补偿费用50万元。

事件C发生后,承包人向监理人提交了索赔报告,要求延长工期110天,并补偿费用824万元(计算式为800×400+4000×80+400×6000+200000+5000000)。

以上各项费用、价格均含税。

问题:

1. 请问上述三项索赔能否成立?为什么?
2. 分别计算各事项应批准延长的工期为多少天?
3. 分别计算各事件的索赔费用是多少?

分析要点:

本案例主要考核索赔成立的条件与索赔责任的划分。

参考答案:

问题1:

(1)事件A的索赔成立。

根据合同条款第2.3项,发包人应按专用合同条款约定向承包人提供施工场地,以及施工场地内地下管线和地下设施等有关资料,并保证资料的真实、准确、完整。由于发包人未能按照本项规定办妥永久占地征用手续,影响承包人及时使用永久占地造成的费用增加和(或)工期延误,应由发包人承担。

根据合同条款第11.3项,在履行合同过程中,由于发包人的下列原因造成工期延误的,承包人有权要求发包人延长工期和(或)增加费用,并支付合理利润。第(7)条发包人造成工期延误的其他原因,由于业主拆迁未能按时完成,造成工期延误,因此索赔成立。

(2)事件B的索赔不成立。

承包人选择适当的施工方法并确保沿线居民的生产生活不受影响是承包人的责任,由此导致的一切纠纷及损失由承包人承担。

(3)事件C的索赔成立。

由于规划原因导致设计变更,非承包人责任。

问题2:

事件A应批准延长的工期为10天,因为关键线路上的延误为10天;事件C应批准延长的工期为 110 天(90 + 20 = 110)。

问题 3：

(1)根据合同条款第 11.3 项在履行合同过程中,由于发包人的下列原因造成工期延误的,承包人有权要求发包人延长工期和(或)增加费用,并支付合理利润。

事件 A 设备闲置所产生的费用为固定费用,未发生燃料、动力费等运行费用,按机械台班单价计算不妥,应只计算机械的窝工费,自有机械窝工费按机械固定费用计算。

该事件承包人索赔按 10% 计算利润不妥,按合同支付合理利润,由于投标利润率为 5%,低于概预算中的社会平均利润 7.42%,可按 5% 考虑合理利润。

设备闲置费用:60 × 1000 + 75 × 800 = 120000(元);

人员窝工工资:600 × 120 × 60% = 43200(元);

合理利润:(120000 + 43200) × 5% = 8160(元);

税金:(120000 + 43200 + 8160) × 9% = 15422(元);

合计:120000 + 43200 + 8160 + 15422 = 186782(元)。

(2)事件 C 计算索赔时钢材应计算回收价值,报废工程已按工程实体进行了计量,索赔时不予计算,结算时按实际完成数量和清单综合单价进行结算,并在结算书中填写"报废工程一览表"。由于事件 C 中各项单价均为综合单价,不再计利润和税金。

承包人应获得的补偿费用:800 × 400 + 4000 × 80 + 400 × (6000 − 2000) + 200000 = 2440000(元)。

案例 5-8

北方某高速公路,按《公路工程标准施工招标文件》(2018 年版)招标,合同约定按实际完成工程量以合同清单单价进行结算。合同约定工期每拖延工期 1 天,交纳违约金 1 万元,工期每提前 1 天,奖励 1 万元。

某大桥 3 号墩桩基钻孔(该工作位于关键线路上)过程中多次遇到设计中未标示的溶洞和裂隙,导致多次塌孔、漏浆,成孔时间较计划推迟 30 天完成,并因处理塌孔漏浆增加费用 5 万元。

完成桩基施工后,经检测发现其中一根桩存在严重缺陷,经设计单位验算,需补桩一根,同时加大承台。业主根据设计单位提供的变更施工图下达了变更指令。此项变更增加一根钻孔灌注桩,按合同单价计算金额为 18 万元,钢筋混凝土承台体积增加,按合同单价计算金额为 3 万元,并因此在关键的工作面上再延误 20 天。

由于上述两个原因,现浇箱梁推迟开工 50 天。监理人下达指令,要求承包人调整计划,确保按合同工期竣工。因工期缩紧,不得不安排冬季施工(原计划冬季不进行施工),增加冬季施工措施费 60 万元。同时为了方便支架搭设,承包人将桥下一灌溉渠拆除,箱梁完成施工后又进行了恢复。因冬季施工工效较低,养护时间延长,经过努力最终工程完工时间仍超出合同约定时间 10 天。

问题：

1. 塌孔漏浆发生后,承包人按合同约定程序提交了索赔意向,该桩完成钻孔后承包人向监理人提交了一份索赔申请,要求补偿费用 5 万元、增加管理费 3000 元/天(经监理人核准)、利润 1 万元/天,合计增加 44 万元,延长工期 30 天。业主下发了变更设计图后,承包人向监理人提交了变更报告,变更增加工程价款 21 万元,同时提交一份索赔报告要求延长工期 20 天。请问上述两项索赔及变更是否成立?

2. 3 号墩基桩及承台完成施工并经检验合格后,当期计量承包人将钻孔灌注桩及承台钢筋混凝土均按合同清单单价以实际完成数量进行了计量。桥下灌溉渠恢复后,承包人在当期计量中按合同清单中的拆除圬工、改渠浆砌片石细目以实际工程量进行了计量申请。请问作为计量工程师应如何办理上述两处计量?

3. 监理人下达要求调整施工计划的通知后,承包人立即上报了调整施工计划,获得监理人批准后,承包人随即上报了索赔报告,要求增加冬季施工措施费 60 万元,理由是因为无法预知的地质情况影响工期。完工后承包人又以工期提前 20 天为由要求给予奖励 20 万元。试问上述两项要求应当如何处理?

分析要点:

本题主要考核索赔成立的条件、工程计量的原则。

参考答案:

问题 1:

(1)图纸中未标明有地下溶洞,是承包人不可预见的情况,因此发生塌孔漏浆,产生额外费用,并延误了工期。根据合同条款第 4.11.2 项[承包人遇到不可预见的不利物质条件时,应采取适应不利物质条件的合理措施继续施工,并及时通知监理人。监理人应当及时发出指示,指示构成变更的,按第 15 条约定办理。监理人没有发出指示的,承包人因采取合理措施而增加的费用和(或)工期延误,由发包人承担],承包人提出的索赔理由应予以支持,可以索赔费用和工期。应批准的索赔费用为处理费用 5 万元、管理费 9 万元,延长工期 30 天。按合同约定,不能索赔利润。

(2)由于承包人施工造成工程质量缺陷,由此产生的返工、修复费用及损失由承包人承担。因此增加基桩及加大承台的工程量不能给予计量支付。工期延长的请求不予支持。

问题 2:

(1)桩基变更由于承包人施工质量原因造成,增加的工程量不能得到计量与支付,应按原设计数量予以修正。

(2)施工支架作为临时工程,应满足工程需要和规范规定,确保工程质量和安全,如何设计和选择适当的形式由承包人决定,其费用已综合在相关工程细目单价之中,不另行支付。桥下灌溉渠本不需要拆除,为搭设支架方便,承包人将其拆除,然后进行恢复,所产生的费用应由承包人承担,因此不能进入计量支付。

问题 3:

工期延误由两个事件造成,第一个事件不是承包人的责任,第二个事件由承包人承担责任,因此工期延误应由两事件分别承担。由于第一个事件延迟 30 天,第二个事件延迟了 20 天,增加冬季施工措施费 60 万元应由两个事件的责任方分别承担,根据合同条款第 11.6 项

(发包人要求承包人提前竣工……应由监理人与承包人共同协商采取加快工程进度的措施和修订合同进度计划。发包人应承担承包人由此增加的费用,并向承包人支付专用合同条款约定的相应奖金),发包人承担措施费用为 $60 \times 30 \div (30+20) = 36$ 万元。

奖励金额计算:工期较合同工期仅延长了 10 天,扣除批准的工期索赔后实际上提前了 20 天完成,因此应给予奖励 20 万元。

案例 5-9

某跨线桥工程,按《公路工程标准施工招标文件》(2018 年版)招标并签订施工合同,基坑开挖后发现有城市供水管道横跨基坑(设计文件未显示有供水管道),须将供水管道改线并对地基进行处理,为此业主以书面形式通知承包人停工 10 天,并同意合同工期顺延 10 天,为确保继续施工,要求工人、施工机械等不要撤离施工现场,但在通知中未涉及由此造成承包人停工损失如何处理。承包人认为对其损失过大,意欲索赔。

问题:

1. 索赔能否成立,索赔证据是什么?
2. 由此引起的损失费用项目有哪些?
3. 如果提出索赔要求,应向业主提供哪些索赔文件?

分析要点:

本案例主要考核工程索赔成立的条件,索赔的内容与证据,索赔文件的种类、内容及形式。

参考答案:

问题 1:

索赔成立,索赔证据为:①业主提出的要求停工的通知书;②合同条款第 2.3 项(发包人应按专用合同条款约定向承包人提供施工场地,以及施工场地内地下管线和地下设施等有关资料,并保证资料的真实、准确、完整);③合同条款第 11.3 项[在履行合同过程中,由于发包人的下列原因造成工期延误的,承包人有权要求发包人延长工期和(或)增加费用,并支付合理利润]。

问题 2:

费用损失主要包括:10 天的工人窝工、施工机械停置及管理费用(包括保函、利息等)。

问题 3:

应向业主提供的索赔文件主要有:

(1)致业主的索赔信函,提出索赔要求。

(2)索赔报告:提出索赔事实和内容,引用文件、合同条款说明索赔的合理与合法性,提出索赔费用的计算依据及要求的赔偿金额。

(3)索赔费用计算书及索赔证据复印件。

案例 5-10

某公路工程按《公路工程标准施工招标文件》(2018年版)招标并签订施工总价承包合同,投标利润率5%。工程招标文件参考资料中提供的用砂地点距工地4km,但开工后,发现该砂不符合质量要求,承包人只得从另一距工地20km供砂点采购,而在一个关键工作面上又发生了由几种原因造成的暂时停工:4月20~26日承包人关键线路上工程的施工设备出现了从未出现过的故障;应于4月28日交给承包人的后续关键线路上工程的图纸直到5月10日才交付;5月13~15日工地下了50年一遇的特大暴雨。

问题：

1. 由于供砂距离的增大,必然引起费用的增加,承包人经过仔细计算后,在业主指令下达的第3天,向业主的监理人提交了将原用砂单价每吨提高5元人民币的索赔要求。作为一名监理人您批准该索赔要求吗？为什么？

2. 由于几种情况的暂时停工,承包人在5月16日向业主的监理人提交了延长工期22天,成本损失费2万元/天(此费用已经监理人核准)和利润损失费2000元/天的索赔要求,共计索赔款48.4万元。

(1)作为一名监理人,您批准的索赔款额是多少？批准索赔工期多少天？为什么？

(2)作为一名监理人,您认为会在业主给承包人中间工程进度付款的支付中扣除交工拖期违约损失赔偿金吗？为什么？

3. 索赔成立的条件是什么？

4. 若承包人对因业主造成的窝工损失,要求设备窝工按台班计算,人工的窝工按工日单价计价是否合理？如不合理,应怎样计算？

分析要点：

本案例主要考核工程索赔的概念及成立的条件、施工进度的拖延和费用增加的责任如何划分,工期和费用索赔的计算与审核方法。

参考答案：

问题 1：

对承包人提出的因砂场地点变化的索赔不予批准,原因是：

按《公路工程标准施工招标文件》(2018年版)第4.10.1条,招标人提供的本合同工程的水文、地质、气象和材料分布、取土场、弃土场位置等参考资料,并不构成合同文件的组成部分,投标人应对自己就上述资料的解释、推论和应用负责,招标人不对投标人据此作出的判断和决策承担任何责任。

问题 2：

(1)批准索赔款额25.2万元,批准索赔工期15天,原因是：

4月20~26日的停工属于由承包人自身的原因造成的,应由承包人承担,因此,不考虑承包人的索赔要求。

4月28日~5月9日的停工属于由业主提供图纸延误造成的,根据合同条款第11.3项[在履行合同过程中,由于发包人的下列原因造成工期延误的,承包人有权要求发包人延长工期和(或)增加费用,并支付合理利润],应考虑承包人的费用索赔和合理利润索赔,合理利润按投标利润率(低于概预算编制办法的利润率)计算,索赔额为 $12 \times 2 \times (1+5\%) = 25.2$(万元)。索赔工期12天。

5月13~15日的停工是属于合同条款第11.4条异常恶劣的气候条件、第21.1.1条不可抗力约定的内容,可以索赔工期3天,按合同条款第21.3.1(4)条约定,承包人的停工损失由承包人承担。

(2)由上述事件引起的工程进度拖延不等于交工工期的延误。原因是交工拖期违约需要到交工时才能确定,承包人可以通过增加资源、调整施工方案等措施将延误的工期补回,如果不能补回,在交工结算时再处理。故不在中间工程进度付款的支付中扣除交工拖期违约损失赔偿金。

问题3:

承包人的索赔要求成立必须同时具备以下4个条件:

(1)与合同相比较,已造成了实际的额外费用增加或工期损失。

(2)造成费用增加或工期损失的原因不是由于承包人的过失导致的。

(3)按合同规定不应由承包人承担的风险。

(4)承包人在事件发生后的规定时限内提出了索赔的书面意向通知。

问题4:

不合理。因窝工而闲置的设备按折旧费或停置台班费或租赁费计价,不包括运转费部分。人工费损失应考虑这部分工作的工人调做其他工作时工效降低的损失费用,一般用工日单价乘以一个测算的降效系数来计算这一部分损失。

案例5-11

某公路路基土石方工程中,合同约定在一个旱季内完成。承包人在设计文件第一施工段(非关键线路)中标明有软石的地方未遇到软石,因此,该施工段的工期提前1个月。但在设计文件第三施工段(处于关键线路上)没有标明有岩石的地方遇到了较多的次坚石,由于石方施工比土方施工耗时更多,按正常施工效率,需要延长工期3个月。由于工期延长,部分土石方需要在雨季施工,由于雨季施工,又需合理延长工期1个月。为此,承包人准备提出索赔。

问题:

1. 承包人索赔是否成立,索赔内容、理由和依据是什么?

2. 请拟订一份索赔通知书。

分析要点:

本案例主要考核工程索赔成立的条件与索赔责任的划分,索赔的内容与证据,索赔文件的拟订。

参考答案：

问题1：

索赔成立。可以索赔费用和工期。

本事件由于意外地质条件造成施工困难,导致工期延长。根据合同条款第4.11.2条[承包人遇到不可预见的不利物质条件时,应采取适应不利物质条件的合理措施继续施工,并及时通知监理人。监理人应当及时发出指示,指示构成变更的,按第15条约定办理。监理人没有发出指示的,承包人因采取合理措施而增加的费用和(或)工期延误,由发包人承担],可以采用变更的方式,按实计量挖土方和挖石方,工期合理延长。

由于合同约定在一个旱季内完成,原合同价中未包括雨季施工增加费,所以雨季施工的土石方可以索赔雨季施工增加费。

问题2：

索赔通知书参考形式如下：

索赔通知书

致业主代表或监理人：

我方希望贵方对土石方开挖中工程地质条件变化问题引起重视。

一、在设计文件中标明有软石的地方未遇到的软石。

二、在设计文件中未标明有岩石的地方遇到较多的次坚石。

由于第一条,我方实际工期提前。

由于第二条,我方实际生产效率降低,而引起工期延后,并不得不在雨季施工。

根据合同条款第4.11.2条,承包人遇到不可预见的不利物质条件时,应采取适应不利物质条件的合理措施继续施工,并及时通知监理人。监理人应当及时发出指示,指示构成变更的,按第15条约定办理。监理人没有发出指示的,承包人因采取合理措施而增加的费用和(或)工期延误,由发包人承担。

综合上述情况,由于施工条件变化造成我方实际工期延后4个月,并由此使得我方费用比合同预计的增加很多。所以,我方就施工现场的施工条件与设计文件有很大不同,向你方提出工期索赔及费用索赔,具体工期索赔及费用索赔依据及数额的计算在随后的索赔报告中上报。

承包人：

×××× 年 ×× 月 ×× 日

 案例5-12

某承包人与某发包人按照《公路工程标准施工招标文件》(2018年版)签订了某公路工程

的路基工程施工合同。承包人必须严格按照施工图及施工合同规定的内容及技术要求施工。承包人的分项工程首先向监理工程师申请质量验收,取得质量验收合格文件后,向监理人提出计量申请和支付工程款。工程开工前,承包人提交了施工组织设计并得到批准。

📖 问题:

1. 在工程施工过程中,因图纸差错,监理人口头要求暂停施工,承包人亦口头答应。待施工图纸修改后,承包人恢复施工。事后监理人要求承包人就变更所涉及的工程费用问题提出书面报告。试问监理人和承包人的执业行为是否妥当?为什么?

2. 在开挖土方过程中,有两项重大事件使工期发生较大的拖延:一是土方开挖时遇到了一些工程地质勘探没有探明的孤石,排除孤石拖延了一定的时间;二是施工过程中遇到数天季节性大雨后又转为特大暴雨引起山洪暴发,造成发包人、承包人施工现场办公用房等设施以及已施工的部分基础被冲坏,施工设备损坏,运进现场的部分材料被冲走,承包人数名施工人员受伤,雨后,承包人用了很多工时进行工程清理和修复作业。为此承包人按照索赔程序提出了延长工期和费用补偿要求。试问监理人应如何处理此事?

3. 在随后的施工中又发现了较有价值的出土文物,造成承包人部分施工人员和机械窝工,同时承包人为保护文物付出了一定的措施费用。请问承包人应如何处理此事?

📖 分析要点:

该案例主要考核监理人在工程合同管理中的地位和作用,工程变更的形式,如何处理因地下障碍和气候条件引起的工程索赔问题以及施工中发现的出土文物等。解答该案例时,主要依据《公路工程标准施工招标文件》(2018年版)等有关规定。

📖 参考答案:

问题1:

监理人和承包人的执业行为不妥。因为根据《公路工程标准施工招标文件》(2018年版)合同条款第1.7.1条"与合同有关的通知、批准、证明、证书、指示、要求、请求、同意、意见、确定和决定等,均应采用书面形式"。在应急情况下,可采取口头形式,但事后应以书面形式予以确认。否则,在合同双方对合同变更内容有争议时,因口头形式协议很难举证,只能以书面协议约定的内容为准。本案例中甲方要求暂停施工,承包人亦答应,是发包人、承包人的口头协议,且事后未以书面的形式确认,所以该合同变更形式不妥。

问题2:

监理人应对两项索赔事件作出处理如下:

(1)对处理孤石引起的索赔,这是地质勘探报告未提供的,施工单位预先无法估计的地质条件变化(不利的物质条件),属于发包人应承担的风险,应给予承包人工期顺延和费用补偿。

(2)对于天气条件变化引起的索赔应分两种情况处理:

①对于前期的季节性大雨,这是一个有经验的承包商预先能够合理估计的因素,应在合同工期内考虑,由此造成的工期延长和费用损失不能给予补偿。

②对于后期特大暴雨引起的山洪暴发,不能视为一个有经验的承包商预先能够合理估计

的因素,属于第21.1.1条不可抗力约定的内容,除专用条款另有约定外,不可抗力导致的人员伤亡、财产损失、费用增加和(或)工期延误等后果,按合同条款第21.3.1条约定的原则分别承担。已投保建筑工程一切险和第三者责任险的,应先进行保险理赔。

a. 永久工程,包括已运至施工场地的材料和工程设备的损害,以及因工程损害造成的第三者人员伤亡和财产损失由发包人承担。

b. 承包人设备的损坏由承包人承担。

c. 发包人和承包人各自承担其人员伤亡和其他财产损失及其相关费用。

d. 承包人的停工损失由承包人承担,但停工期间应监理人要求照管工程和清理、修复工程的金额由发包人承担。

e. 不能按期竣工的,应合理延长工期,承包人不需要支付逾期竣工违约金。发包人要求赶工的,承包人应采取赶工措施,赶工费用由发包人承担。

根据合同约定,发包人施工现场办公用房等设施以及已施工的部分基础,运进现场的部分材料,工程清理和修复作业等经济损失由发包人承担。属于承包人施工现场办公用房等设施及施工设备损坏,承包人施工人员受伤以及由此造成的人员窝工和设备闲置等经济损失应由承包人自己承担;工期应予以顺延。

问题3:

根据合同条款第1.10.1条,在施工场地发掘的所有文物、古迹以及具有地质研究或考古价值的其他遗迹、化石、钱币或物品属于国家所有。一旦发现上述文物,承包人应采取有效合理的保护措施,防止任何人员移动或损坏上述物品,并立即报告当地文物行政部门,同时通知监理人。发包人、监理人和承包人应按文物行政部门要求采取妥善保护措施,由此导致费用增加和(或)工期延误由发包人承担。事件发生后承包人应按合同约定将增加的费用和延误的工期向监理人提出索赔要求,并提供相应的计算书及其证据。

第六章　交通运输工程结算与决算

本章基本知识点

1. 工程价款支付与结算的方法。
2. 工程预付款及其计算。
3. 工程进度款的计算与支付。
4. 工程质量保证金的计算与扣留。
5. 公路工程竣工决算的内容和编制。
6. 新增资产构成及价值确定。
7. 投资偏差、进度偏差分析。
8. 工程决算分析。

案例 6-1

某公路工程合同总价为 12000 万元,开工预付款为合同总价的 10%。承包人每月实际完成的工程计量款见下表,工程价款每月结算一次。

表 6-1-1

月份	1	2	3	4	5	6	7	8
工程计量款(万元)	600	900	1500	1800	2400	1800	1800	1200

根据合同约定,开工预付款在工程计量款累计金额达到签约合同价的 30% 之后,开始按工程进度以固定比例(即每完成签约合同价的 1%,扣回开工预付款的 2%)分期从各月的进度付款证书中扣回,全部金额在进度付款证书的工程计量款累计金额达到签约合同价的 80% 时扣完。

问题:

1. 开工预付款金额为多少?
2. 开工预付款的起扣月是第几个月,并列式说明理由。

3. 计算从起扣月开始每个月应扣回的开工预付款金额。

分析要点：

本题考查工程价款支付与结算的相关知识，主要掌握的知识点是预付款扣回的计算。

参考答案：

问题1：
开工预付款为合同总价的10%，即：$12000 \times 10\% = 1200$（万元）。

问题2：
起扣点：$12000 \times 30\% = 3600$（万元）。
前3个月累计完成 $600+900+1500=3000$（万元），前4个月累计完成 $600+900+1500+1800=4800$（万元）。显然从第4个月开始预付款扣回，即本工程开工预付款的起扣月份为第4个月。

问题3：
开工预付款扣回金额：预付款为合同价款的10%，超过起扣点后每次计量扣回的比例为计量款的20%，计算方法：$10\% \div (80\%-30\%)=20\%$，扣止点为 $12000 \times 80\%=9600$ 万元。

第1个月：累计计量款为600万元，未达到开工预付款起扣点，不需扣回；

第2个月：累计计量款为1500万元，未达到开工预付款起扣点，不需扣回；

第3个月：累计计量款为3000万元，未达到开工预付款起扣点，不需扣回；

第4个月：累计计量款为4800万元，本月应扣回预付款 $(4800-3600) \times 20\% = 240$（万元）；

第5个月：当月计量款为2400万元，累计计量款为7200万元，本月应扣回预付款 $2400 \times 20\% = 480$（万元）；

第6个月：当月计量款为1800万元，累计计量款为9000万元，本月应扣回预付款 $1800 \times 20\% = 360$（万元）；

第7个月：当月计量款为1800万元，累计计量为10800万元，占合同价款的90%，本月应扣回预付款 $(9600-9000) \times 20\% = 120$（万元）。

至此，开工预付款已全额扣回，第8个月不需再扣回开工预付款。

案例6-2

某高速公路合同段，签约合同价为6000万元，工期为9个月。招标文件按《公路工程标准施工招标文件》（2018年版）编制。合同约定按实际完成工程量以合同清单单价进行结算。合同项目专用条款约定开工预付款为签约合同价的10%，工程计量款累计金额达签约合同价的30%时开始扣回，至工程计量款累计金额达到签约合同价的80%时扣完。合同约定月支付的最低限额为300万元。合同约定预留质量保证金为合同价的3%，在交工结算中扣留，缺陷责任期终止证书签发后最终结清，工程价款每月结算一次。

开工后各月实际完成并经监理人确认合格的工程计量款见下表。

表 6-2-1

月份	1	2	3	4	5	6	7	8	9
工程计量款(万元)	200	650	850	850	850	320	850	850	850

问题：

1. 工程价款结算的方式有哪些？
2. 计算本工程的预付款起扣月份和数额，以及完成扣回的月份。
3. 计算按月支付的工程进度款。
4. 计算本工程的结算款。

分析要点：

本案例主要考核工程结算方式，按月结算工程计量款的计算方法，预付款支付与扣回方法，预留质量保证金的扣留方法，最低支付限额的概念。

参考答案：

问题1：

工程价款的结算方式主要分为按月结算、分段结算、竣工后一次结算、目标结算和双方议定的其他方式。

问题2：

起扣点：$6000 \times 30\% = 1800$（万元）。

前3个月工程计量款累计金额：$200 + 650 + 850 = 1700$（万元），显然从第4个月开始扣回。

第4个月扣回数额：预付款为合同价的10%，超过起扣点后每次计量扣回的比例为$10\% \div (80\% - 30\%) = 20\%$，$(200 + 650 + 850 + 850 - 1800) \times 20\% = 150$（万元）。

扣回完成点：$6000 \times 80\% = 4800$（万元），第7个月累计完成4570万元小于4800万元，第8个月累计完成5420万元大于4800万元，应在第8个月完成预付款的扣回。

问题3：

第1个月：未达到合同约定的付款最低限额，不能签发计量支付证书。

第2个月：$200 + 650 = 850$（万元）。

第3个月：850（万元）。

第4个月：$850 - 150 = 700$（万元）。

第5个月：$850 \times (1 - 20\%) = 680$（万元）。

第6个月：$320 \times (1 - 20\%) = 256$（万元），小于300万元，不签发支付证书。

第7个月：$(320 + 850) \times (1 - 20\%) = 936$（万元）。

第8个月：$850 - (4800 - 4570) \times 20\% = 804$（万元）。

第9个月：$850 - 6000 \times 3\% = 670$（万元）。

问题4：

工程计量款累计金额：$200 + 650 + 850 + 850 + 850 + 320 + 850 + 850 + 850 = 6270$（万元）。

累计支付金额:600 + 850 + 850 + 700 + 680 + 936 + 804 + 670 = 6090(万元),其中600万元为预付款。

质量保证金:6000 × 3% = 180(万元)。

累计额 − 质量保证金:6270 − 180 = 6090(万元),与累计支付相吻合。

质量保证金180万元在缺陷责任期满后最终在结清证书中支付。

因此,本工程结算款为6270万元。

案例6-3

某公路工程公司于某年3月10日与某业主签订工程施工承包合同。合同中有关工程价款及其支付的条款约定如下:

(1)合同总价为9000万元。

(2)开工预付款为合同总价的10%,于3月20日前拨付给承包人。

(3)工程进度款由承包人逐月(每月25日)申报,经审核后于当月30日前支付。

(4)开工预付款在工程计量款累计金额达到合同总额的30%之后,每完成合同总价的1%,扣回开工预付款的2%,全部金额在工程计量款累计金额达到合同总价的80%时扣完。

(5)工程交工后42天内,承包人提交交工付款申请单,经监理人审核后报业主,业主在14天内支付除工程质量保证金以外的工程价款,工程质量保证金为合同总价的3%,缺陷责任期(2年)终止证书签发后28天内全部结清。

合同中有关工程工期的规定为:4月1日开工,9月20日交工;工程款逾期支付按每日0.8‰的利率计息;逾期交工,按每日10000元罚款。根据经业主代表批准的施工进度计划,各月计划完成产值见下表。

表6-3-1

月份	4	5	6	7	8	9
计划完成产值(万元)	1200	1500	1800	1800	1500	1200

工程施工一直按进度计划进行,直到8月16日,因施工设备出现故障,停工2天,造成窝工50工日(每工日工资100元),8月实际产值比原计划少60万元。工程施工至9月6日,因业主提供的某种材料质量不合格导致其中一个关键线路分项工程质量不合格,业主决定更换材料,拆除该项工程重建。重建导致承包人增加拆除用工60工日(每工日工资100元),机械闲置3个台班(每台班按4000元计),材料费损失5万元,其他费用损失1万元,重新修建费10万元。因拆除、重修使工期延长5天,最终工程于9月29日交工。

问题:

1. 按原施工进度计划,为业主提供一份完整的逐月拨款计划。

2. 承包人分别于8月20日提出延长工期2天,费用索赔额5000元,于9月28日提出延长工期6天,费用索赔额178000元。请问该两项索赔能否成立?应批准延长工期为几天?索赔费为多少元？并说明理由。

3. 按实际施工，8月和9月业主应拨付的工程进度款分别为多少？

📖 分析要点：

本案例主要考核工程结算按月结算的计算方法及工程索赔费用的计算。

📖 参考答案：

问题 1：

按原施工进度计划的逐月拨款计划：

(1) 预付款：$9000 \times 0.1 = 900$（万元）。

(2) 预付款的起扣点：$9000 \times 0.3 = 2700$（万元）。

(3) 逐月拨款计划：

① 4月：

本月完成产值 1200 万元，累计完成 1200 万元，占合同额的 13.33%。

未达起扣点，本月不扣回预付款。

本月拨付工程款：1200 万元，累计拨付 1200 万元。

② 5月：

本月完成产值 1500 万元，累计完成 2700 万元，占合同额的 30.00%。

刚达起扣点，本月不扣回预付款。

本月拨付工程款：1500 万元，累计拨付 2700 万元。

③ 6月：

已达到起扣点，从本月开始应扣回预付款。

预付款的扣回金额 = (当月累计已完成工作量 – 起扣点)/合同总价 ÷ 1% × 2% × 预付款额 – 上月扣回预付款额。

本月完成产值 1800 万元，累计完成 4500 万元，占合同额的 50.00%。

本月扣回的预付款：$(4500 - 2700) \div 9000 \div 1\% \times 2\% \times 900 = 360$（万元），累计扣回 360 万元。

本月拨付工程款：$1800 - 360 = 1440$（万元），累计拨付 4140 万元。

④ 7月：

本月完成产值 1800 万元，累计完成 6300 万元，占合同额的 70.00%。

本月扣回的预付款：$(6300 - 2700) \div 9000 \div 1\% \times 2\% \times 900 - 360 = 360$（万元），累计扣回 720 万元。

本月拨付工程款：$1800 - 360 = 1440$（万元），累计拨付 5580 万元。

⑤ 8月：

本月完成产值 1500 万元，累计完成 7800 万元，占合同额的 86.67%。

根据合同约定，全部预付款金额在累计金额达到合同总价的 80% 时扣完开工预付款，因此，本月扣回的预付款：$900 - 720 = 180$（万元）。

本月拨付工程款:1500-180=1320(万元),累计拨付6900万元。

⑥ 9月:

本月完成产值1200万元,累计完成9000万元。

本月扣留的质量保证金:9000×3%=270(万元)。

本月拨付工程款:1200-270=930(万元),累计拨付7830万元。

累计拨付工程+预付款+质量保证金=7830+900+270=9000(万元),与累计完成产值相一致。

问题2:

8月20日提出索赔不予批准。理由是承包人施工设备故障应由承包人承担责任,承包人不能索赔工期和费用。

9月28日提出的索赔应予批准。因业主提供的某种材料质量不合格属于业主责任,由其引起的损失的索赔业主应予批准。

应批准延长工期为5天,费用索赔额:60×100+3×4000+50000+10000+100000=178000(元)。

问题3:

(1)8月业主应拨付的工程进度款:1500-60-180=1260(万元)。

(2)9月业主应拨付的工程进度款计算:

完成金额1200+60=1260(万元);

扣质保金额270万元;

索赔额17.8万元;

由于期延误29-20-5=4(天),罚款4×1=4(万元);

9月业主应拨付的工程进度款:1260-270+17.8-4=1003.8(万元)。

案例6-4

某工程项目建设单位就浆砌挡土墙工程与承包商签订了工程施工承包合同。合同中估算工程量为7900m³,全费用综合单价为280元/m³。合同工期为6个月。有关付款条款如下:

(1)开工前业主应向承包商支付估算合同总价20%的工程预付款;

(2)合同约定预留质量保证金为结算价的3%,在交工结算中扣留,缺陷责任期终止证书签发后最终结清,缺陷责任期1年;

(3)当实际完成工程量增加幅度超过估算工程量的15%时,超过15%的部分进行调价,单价调整为综合单价的90%;

(4)每月支付工程款最低金额为50万元;

(5)工程预付款从累计已完工程款超过估算合同价的30%以后的下一个月起,至第5个月止每月平均扣除。

承包商每月实际完成并经签证确认的工程量见下表。

表 6-4-1

月份	1	2	3	4	5	6
完成工程量（m^3）	1200	1500	1800	1800	1800	1500
累计完成工程量（m^3）	1200	2700	4500	6300	8100	9600

问题：

1. 估算合同总价为多少？
2. 工程预付款为多少？工程预付款从哪个月起扣留？每月应扣工程预付款为多少？
3. 每月工程量价款为多少？业主应支付给承包商的工程款为多少？

分析要点：

本案例与上一个案例预付款的扣留方式不尽相同。根据合同约定处理工程预付款，比按照理论计算方法处理工程预付款操作方便、实用性强。本案例还涉及采用估计工程量单价合同情况下，合同单价的调整方法等。

参考答案：

问题 1：

估算合同总价：$7900 \times 280 = 2212000$（元）。

问题 2：

（1）工程预付款：$2212000 \times 20\% = 442400$（元）。

（2）估算合同总价的 30%：$2212000 \times 30\% = 663600$（元）。

第 1 个月累计已完工程款：$1200 \times 280 = 336000$（元）；

第 2 个月累计已完工程款：$2700 \times 280 = 756000$（元）> 663600 元。

即工程预付款从第 3 个月起扣留。

（3）从第 3 个月开扣，截至第 5 个月扣完，共扣 3 个月。每月应扣工程预付款：$442400 \div 3 = 147467$（元）。

问题 3：

（1）第 1 个月工程量价款：$1200 \times 280 = 336000$（元）。

本月应支付工程款：336000 元 $<$ 500000 元。

第 1 个月不予支付工程款。

（2）第 2 个月工程量价款：$1500 \times 280 = 420000$（元）。

本月应支付工程款 420000 元。

$336000 + 420000 = 756000$（元）> 500000 元，第 2 个月业主应支付给承包商的工程款为 756000 元。

（3）第 3 个月工程量价款：$1800 \times 280 = 504000$（元）。

应扣工程预付款：147467 元。

本月应支付工程款：$504000 - 147467 = 356533$（元）< 500000 元。

第 3 个月不予支付工程款。

（4）第 4 个月工程量价款：1800×280＝504000（元）。

应扣工程预付款：147567 元。

本月应支付工程款：504000－147467＝356533（元）。

356533＋356533＝713066（元）＞500000 元。

第 4 个月业主应支付给承包商的工程款为 713066 元。

（5）第 5 个月累计完成工程量为 8100m³，比原估算工程量超出 200m³，但未超出估算工程量的 15%，所以仍按原单价结算。

本月工程量价款：1800×280＝504000（元）；

应扣工程预付款：147467 元；

本月应支付工程款：504000－147467＝356533（元）＜500000 元，第 5 个月不予支付工程款。

（6）第 6 个月累计完成工程量为 9600m³，比原估算工程量超出 1700m³，已超出估算工程量的 15%，对超出的部分应调整单价。

应按调整后单价结算的工程量：9600－7900×（1＋15%）＝515（m³）；

本月工程量价款：515×280×0.9＋（1500－515）×280＝405580（元）；

应扣留质量保证金：[（9600－515）×280＋515×280×0.9]×3%＝80207（元）；

本月应支付工程款：405580－80207＝325373（元）；

第 6 个月业主应支付给承包商的工程款为 356533＋325373＝681906（元）。

（7）缺陷责任期终止证书签发后支付质量保证金：80207 元。

案例 6-5

某工程计划进度与实际进度见计划进度与实际进度表见表 6-5-1。表中粗虚线表示计划进度（进度线上方的数据为每周计划投资），粗实线表示实际进度（进度线上方的数据为每周实际投资），假定各分项工程每周计划进度与实际进度均为匀速，而且各分项工程实际完成总工程量与计划完成总工程量相等。

问题：

1．计算每周投资数据，并将结果填入投资数据表（表 6-5-2）。

2．试在图 6-5-1 绘制该工程 3 种投资曲线，即：①拟完工程计划投资曲线；②已完工程实际投资曲线；③已完工程计划投资曲线。

3．分析第 6 周末和第 10 周末的投资偏差和进度偏差。

分析要点：

该案例主要考核 3 条投资曲线（即拟完工程计划投资曲线、已完工程实际投资曲线、已完工程计划投资曲线）的概念，3 种投资数据统计方法，投资曲线绘制方法，以及投资偏差、进度偏差的分析方法。

计划进度与实际进度表(单位:万元)　　　　　　　　　　　表 6-5-1

分项工程	进度计划(周)											
	1	2	3	4	5	6	7	8	9	10	11	12
A	5/5	5/5	5/5									
B				4/4	4/4	4/4	4/3	4/3				
C						9/9	9/8	9/7	9/7			
D							5/4	5/4	5/4	5/5	5/5	
E								3/3	3/3	3/3	3	3

投资数据表(单位:万元)　　　　　　　　　　　表 6-5-2

项目	投资数据											
	时间(周)											
	1	2	3	4	5	6	7	8	9	10	11	12
每周拟完工程计划投资												
拟完工程计划投资累计												
每周已完工程实际投资												
已完工程实际投资累计												
每周已完工程计划投资												
已完工程计划投资累计												

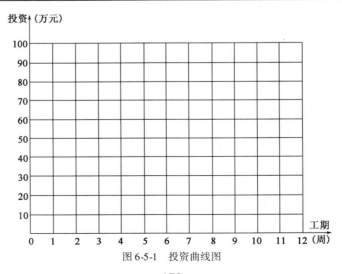

图 6-5-1　投资曲线图

参考答案：

问题1：

每周投资数据计算结果见表6-5-3。

每周投资数据表（单位：万元）　　　　　表6-5-3

项　　目	投资数据											
	时间（周）											
	1	2	3	4	5	6	7	8	9	10	11	12
每周拟完工程计划投资	5	9	9	13	13	18	14	8	8	3		
拟完工程计划投资累计	5	14	23	36	49	67	81	89	97	100		
每周已完工程实际投资	5	5	9	4	4	12	15	11	11	8	8	3
已完工程实际投资累计	5	10	19	23	27	39	54	65	76	84	92	95
每周已完工程计划投资	5	5	9	4	4	13	17	13	13	7	7	3
已完工程计划投资累计	5	10	19	23	27	40	57	70	83	90	97	100

问题2：

根据表中数据绘出投资曲线图（图6-5-2），图中①为拟完工程计划投资曲线；②为已完工程实际投资曲线；③为已完工程计划投资曲线。

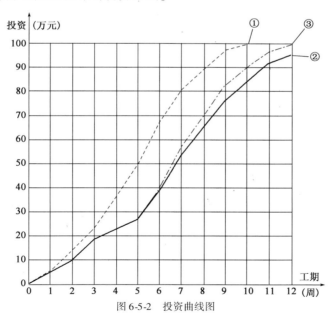

图6-5-2　投资曲线图

问题3：

(1) 第6周末投资偏差与进度偏差：

投资偏差 = 已完工程计划投资 − 已完工程实际投资 = 40 − 39 = 1（万元），即：投资节约1万元。

进度偏差 = 已完工程计划时间 − 已完工程实际时间 = $\left(4 + \dfrac{40-36}{49-36}\right) - 6 = -1.69$(周)，即：进度拖后 1.69 周。

或，进度偏差 = 已完工程计划投资 − 拟完工程计划投资 = $40 - 67 = -27$(万元)，即：进度拖后 27 万元。

(2) 第 10 周末投资偏差与进度偏差：

投资偏差 = $90 - 84 = 6$(万元)，即：投资节约 6 万元。

进度偏差 = $\left(8 + \dfrac{90-89}{97-89}\right) - 10 = -1.88$(周)，即：进度拖后 1.88 周。

或，进度偏差 = $90 - 100 = -10$(万元)，即：进度拖后 10 万元。

案例 6-6

某工程的时标网络计划如图 6-6-1 所示，工程投资数据见工程投资数据表。工程进展到第 5、第 10 和第 15 个月底时，分别检查了工程进度，相应绘制了 3 条实际进度前锋线，如图 6-6-1 中的点画线所示。

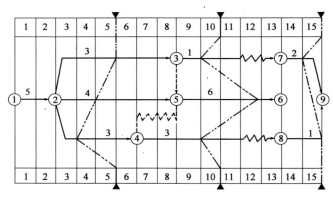

图 6-6-1 某工程时标网络计划(单位：月)

注：图中每根箭线上方数值为该工作每月计划投资额(单位：百万元)。

问题：

1. 计算第 5 和第 10 个月底的已完工程计划投资(累计值)各为多少？
2. 分析第 5 和第 10 个月底的投资偏差。
3. 试用投资概念分析进度偏差。
4. 根据第 5 和第 10 个月底实际进度前锋线分析工程进度情况。
5. 第 15 个月底检查时，工作⑦→⑨因特殊恶劣天气造成工期拖延 1 个月，施工单位损失 30 万元。因此，施工单位提出要求工期延长 1 个月和费用索赔 30 万元。问：造价工程师应批准工期、费用索赔为多少？为什么？

工程投资数据表
表 6-6-1

时间(月)	1	2	3	4	5	6	7	8	9	10	11	12	13	14	15
工程计划投资累计值(万元)	500	1000	2000	3000	4000	5000	6000	7000	8000	9000	10000	10600	11200	11500	11800
已完工程实际投资累计值(万元)	500	1500	2500	3500	4500	5300	6100	6900	7700	8500	9400	10300	11200	11600	12000

分析要点：

本案例要求熟练掌握工程网络计划技术部分的有关内容，尤其对工程的时标网络计划和实际进度前锋线，要能够灵活运用；掌握投资偏差、进度偏差的基本概念和计算方法，掌握工程的索赔条件、索赔内容及相应的计算方法。

参考答案：

问题 1：

第 5 个月底，已完工程计划投资：2000 + 600 + 400 = 3000(万元)；

第 10 个月底，已完工程计划投资：8000 + 600 × 3 = 9800(万元)。

问题 2：

第 5 个月底的投资偏差(CV) = 已完工程计划投资(BCWP) − 已完工程实际投资(ACWP) = 3000 − 4500 = −1500(万元)，即：投资增加 1500 万元。

第 10 个月底，投资偏差 = 9800 − 8500 = 1300(万元)，即：投资节约 1300 万元。

问题 3：

根据投资概念分析进度偏差：

进度偏差(SV) = 已完工程计划投资(BCWP) − 拟完工程计划投资(BCWS)；

第 5 个月底，进度偏差 = 3000 − 4000 = −1000(万元)，即：进度拖延 1000 万元；

第 10 个月底，进度偏差 = 9800 − 9000 = 800(万元)，即：进度提前 800 万元。

问题 4：

第 5 个月底，工程进度情况为：

②→③工作进度正常；

②→⑤工作拖延 1 个月，将影响工期 1 个月，因为该工作位于关键线路上，是关键工作；

②→④工作拖延 2 个月，不影响工期，因为有 2 个月总时差。

第 10 个月底，工程进度情况为：

③→⑦工作拖延 1 个月，因为有 2 个月总时差和自由时差，既不拖延工期，也不造成紧后工作进度拖延；

⑤→⑥工作提前 2 个月，有可能缩短工期 2 个月，因为该工作位于关键线路上，是关键工作；

④→⑧工作拖延 1 个月，但不影响工期和紧后工作进度，因为该工作不在关键线路上且有 2 个月的总时差和自由时差。

从第 5 个月底的工程进度来看,受②→⑤关键工作拖延 1 个月的影响,工期将延长 1 个月。

从第 10 个月底的工程进度来看,因③→⑦工作拖延 1 个月、⑤→⑥工作提前 2 个月、④→⑧工作拖延 1 个月,则工期影响 = min{总时差 − 拖延量} = min{2 − 1, 0 − (− 2), 2 − 1} = + 1,综合 3 个工作的共同影响,工期将缩短 1 个月。

问题 5:

造价工程师应批准延长工期 1 个月,费用索赔不应批准。因为根据时标网络图第 15 月底检查结果⑦→⑨关键工作拖延 1 个月、⑧→⑨工作正常,所以工期将拖延 1 个月。

因为特殊恶劣的气候条件应按不可抗力处理,造成的工期拖延,可以顺延工期,但不能赔偿经济损失。

案例 6-7

某公路工程需要编制决算,为简便只描述其路基工程的情况。其中概算分析表、合同费用分析表、项目总决算(分析)表见表 6-7-1 ~ 表 6-7-3。

概 算 分 析 表　　　　　　　　　表 6-7-1

项目	工程或费用名称	单位	工程数量	概算金额(元)	涉及项目节编号
	第一部分　建筑安装工程费	公路公里	16.083	368808985	
一	路基工程	km	13.083	86094828	
1	计价土方	m³	2237869	36558452	1-1-3;1-1-6;1-1-7;1-1-8;1-1-9;1-1-15
2	计价石方	m³	242639	9600451	1-1-6;1-1-7;1-1-8;1-1-12;1-1-15
3	排水工程	m³	20845.7	17606186	1-2-1;1-2-2;1-2-3;1-2-5;1-2-6
4	防护工程	m³	26963.4	14965963	1-3-3;1-3-4;1-3-12;1-3-19
5	特殊路基处理	km	12.743	7363976	1-4-5;1-4-6;1-4-8;1-4-10

合 同 费 用 分 析 表　　　　　　　　　表 6-7-2

项目	工程或费用名称	单位	工程数量	合同金额(元)	清单细目号
	第一部分　建筑安装工程费	公路公里	16.295	329546046	
一	路基工程	km	13.295	69942178	
1	计价土方	m³	2478325	32583864	203-1-a;203-1-c;203-2-a;203-3-a;204-1-a ~ b;204-2-b;204-3

续上表

项目	工程或费用名称	单位	工程数量	合同金额(元)	清单细目号
	第一部分 建筑安装工程费	公路公里	16.295	329546046	
2	计价石方	m³	113533	3357036	203-1-b;204-1-c
3	排水工程	m³	34747	20089023	207-1～207-7; 313-1-b～d; 313-2;313-3
4	防护工程	m³	11061	13713799	208-1;208-2;208-3; 208-4;209-1;213-2
5	特殊路基处理	km	13.295	198456	205-1-n;205-3-a～b

项目总决算(分析)表　　　　　　　　　　　　　表 6-7-3

项目	工程或费用名称	单位	工程数量	决算金额(元)	涉及细目号
	第一部分 建筑安装工程费	公路公里	16.295	359535676	
一	路基工程	km	13.295	110091360	
1	计价土方	m³	3359771	48526104	203-1-a;203-1-c～d; 203-2-a;203-3-a; 204-1-a～b;204-2-b; 204-3-a～c
2	计价石方	m³	337954	9575858	203-1-b;204-1-d
3	排水工程	m³	21811	17715419	207-1;207-2;207-3; 207-4;207-5;207-6; 207-7;313-1-b～d; 313-2;313-3
4	防护工程	m³	25238	20365339	208-1;208-2;208-3; 208-4;209-1;213-2
5	特殊路基处理	km	13.295	13908640	205-1-a～n; 205-3-a～b;205-4b

问题：

请根据相关数据填写投资控制情况比较表、工程数量情况比较表,并对该工程进行简单描述。

分析要点：

本案例主要考核工程决算编制中各个表之间的逻辑关系,同时需要熟悉现行公路工程决算编制办法。

参考答案：

投资控制情况比较表、工程数量情况比较表见表 6-7-4、表 6-7-5。

投资控制情况比较表　　　　　　　　　　　　　　　　　　　　表 6-7-4

项目	工程或费用名称	单位	批准的概算	工程合同	项目决算	工程合同与概算比较	项目决算与概算比较	项目决算与工程合同比较
	第一部分　建筑安装工程费	公路公里	368808985	329546046	359535676	-10.65%	-2.51%	9.10%
一	路基工程	km	86094828	69942178	110091360	-18.76%	27.87%	57.40%
1	计价土方	m³	36558252	32583864	48526104	-10.87%	32.74%	48.93%
2	计价石方	m³	9600451	3357036	9575858	-65.03%	-0.26%	185.25%
3	排水工程	m³	17606186	20089023	17715419	14.10%	0.62%	-11.82%
4	防护工程	m³	14965963	13713799	20365339	-8.37%	36.08%	48.50%
5	特殊路基处理	km	7363976	198456	13908640	-97.31%	88.87%	6908.43%

工程数量情况比较表　　　　　　　　　　　　　　　　　　　　表 6-7-5

项目	工程或费用名称	单位	批准的概算	工程合同	项目决算	工程合同与概算比较	项目决算与概算比较	项目决算与工程合同比较
	第一部分　建筑安装工程费	公路公里	16.083	16.295	16.295	1.32%	1.32%	0.00%
一	路基工程	km	13.083	13.295	13.295	1.62%	1.62%	0.00%
1	计价土方	m³	2237869	2478325	3359771	10.74%	50.13%	35.57%
2	计价石方	m³	242639	113533	337954	-53.21%	39.28%	197.67%
3	排水工程	m³	20845.7	34747	21811	66.69%	4.63%	-37.23%
4	防护工程	m³	26963.4	11061	25238	-58.98%	-6.40%	128.17%
5	特殊路基处理	km	12.743	13.295	13.295	4.33%	4.33%	0.00%

工程简述：

（1）施工图设计（合同）土石方数量及土石比例与实际相差较大；

（2）施工图设计（合同）防护工程设计不够充分，施工时产生大量变更；

（3）施工图设计（合同）特殊路基处理工程量与实际相差较大。

案例 6-8

某建设单位拟编制某公路项目的竣工决算。该建设项目包括第 1 合同段（主线工程）、第 2 合同段（连接线工程）和第 3 合同段（附属设施）。在建设期内，各项目工程竣工决算数据见表 6-8-1。工程建设其他投资完成情况如下：支付行政划拨土地的土地征用及迁移费 1500 万元；支付土地使用权出让金 2100 万元；建设单位管理费 1200 万元（其中 800 万元构成固定资产）；勘察设计费 980 万元；专利费 65 万元；非专利技术费 25 万元；获得商标权 40 万元；生产职工培训费 50 万元；报废工程损失 20 万元；试运营阶段支出60万元，收费24万元。

某公路项目竣工决算数据表（单位：万元）　　　　　表6-8-1

项 目 名 称	建筑安装工程费	设 备 费	生 产 器 具	
			总额	达到固定资产标准
第1合同段（主线工程）	6400	480	320	210
第2合同段（连接线工程）	1200	100	170	120
第3合同段（附属设施）	580	20		
合计	8180	600	490	330

问题：

1. 什么是交通建设项目竣工决算？交通建设项目竣工决算包括哪些内容？
2. 编制交通建设项目竣工决算的依据有哪些？
3. 如何进行竣工决算的编制？
4. 试确定主线工程新增固定资产价值（共同费用均按建安费比例分摊，下同）。
5. 试确定该建设项目的固定资产、流动资产、无形资产和其他资产价值。

分析要点：

本案例要求考生对交通建设项目竣工决算的概念、内容、编制依据有所了解，并掌握建设项目新增资产的分类方法和固定资产、流动资产、无形资产以及其他资产的概念及其价值确定方法。

（1）新增固定资产价值包括：

①建筑、安装工程造价；

②达到固定资产标准的设备和工器具的购置费用；

③增加固定资产价值的其他费用包括：土地征用及土地补偿费、联合试运转费、勘察设计费、可行性研究费、施工机构迁移费、报废工程损失费和建设单位管理费中达到固定资产标准的办公设备、生活家具用具和交通工具等购置费。其中，联合试运转费是指整个车间有负荷或无负荷联合试运转发生的费用支出大于试运转收入的亏损部分。

新增固定资产价值的其他费用应按单项工程以一定比例分摊。分摊时，建设单位管理费由建筑工程、安装工程、设备费总额按比例分摊；土地征用及土地补偿费、地质勘察和建筑工程设计费等由建筑工程造价按比例分摊。

（2）流动资产价值包括：达不到固定资产标准的设备工器具、现金、存货、应收及应付款项等价值。

（3）无形资产价值包括：专利权、非专利技术、著作权、商标权、土地使用权出让金及商誉等价值。

（4）其他资产价值包括：开办费（建设单位管理费中未计入固定资产的其他费用，生产职工培训费）、以租赁方式租入的固定资产改良工程支出等。

参考答案：

问题1：

交通建设项目竣工决算是指项目竣工后，由建设单位按照国家有关规定在项目竣工验收阶段编制的竣工决算报告。竣工决算报告是考核交通基本建设项目投资效益、反映建设成果的文件，是确定交付使用财产价值、办理交付使用手续的依据。交通建设项目竣工决算应包括从项目筹划到竣工投产全过程的全部实际费用，即建筑工程费用、安装工程费用、设备工器具购置费用、工程建设其他费用以及预备费等。竣工决算报告由四部分组成：①竣工决算报告的封面、目录；②竣工工程平面示意图；③竣工决算报告说明书；④竣工决算表格。

问题2：

编制交通建设项目竣工决算的主要依据资料：

(1) 经批准的可行性研究报告、初步设计、概算或调整概算、变更设计以及开工报告等文件；

(2) 历年的年度基本建设投资计划；

(3) 经审核批复的历年年度基本建设财务决算；

(4) 编制的施工图预算、承包合同、工程结算等有关资料；

(5) 历年有关财产物资、统计、财务会计核算、劳动工资、审计及环境保护等有关资料；

(6) 工程质量鉴定、检验等有关文件，工程监理有关资料；

(7) 施工企业交工报告等有关技术经济资料；

(8) 有关建设项目所附产品、简易投产、试运营(生产)、重载负荷试车等产生基本建设收入的财务资料；

(9) 有关征地拆迁资料(协议)和土地使用权确权证明；

(10) 其他有关的重要文件。

问题3：

竣工决算的编制应按下列步骤进行：

(1) 搜集、整理、分析原始资料；

(2) 对照、核实工程及变更情况，核实各单位工程、单项工程造价；

(3) 审定各有关投资情况；

(4) 编制竣工财务决算说明书；

(5) 认真填报竣工财务决算报表；

(6) 认真做好工程造价对比分析；

(7) 清理、装订好竣工图；

(8) 按国家规定上报审批、存档。

问题4：

第 1 合同段(主线工程)的新增固定资产价值：$(6400+480+210)+(1500+800+980+20+60-24)\times 6400/8180 = 7090+2610.07 = 9700.07$(万元)。

问题5：

(1) 固定资产价值：$(8180+600+330)+(1500+800+980+20+60-24)=12446$(万元)；

(2)流动资产价值:490-330=160(万元);
(3)无形资产价值:2100+65+25+40=2230(万元);
(4)其他资产价值:(1200-800)+50=450(万元)。

案例6-9

某公路工程施工A标段,合同工期24个月,合同总价5.63亿元,其中人工费6193万元、柴油材料费3941万元。开标前28天所在月为2017年11月,开工时间为2018年1月1日,合同约定人工费、柴油调差采用指数法,柴油价格波动±3%内不调差。钢材、水泥、商品混凝土为甲供材,其他材不调差,增值税税率3%。每月月末计量。

(1)具体调差约定和公式如下:

人工费调差每年调整一次,柴油调差按月与计量同步调整。

①人工费调差公式:

$$\Delta P_1 = P_0 \times B_1 \times \left(\frac{F_{t1}}{F_{01}} - 1\right) \times (1 + 税率)$$

②柴油调差公式

$$\Delta P_2 = P_0 \times B_2 \times \left[\frac{F_{t2}}{F_{02}} - (1 \pm 3\%)\right] \times (1 + 税率)$$

式中:ΔP_1、ΔP_2——人工费、柴油需调整的价格差额;

P_0——计量支付证书中的已完成工程量的金额;此项金额应不包括价格调整、不计质量保证金的扣留和支付、预付款的支付和扣回,包括按原投标价格计算的变更金额;

B_1、B_2——人工费、柴油的变值权重(即可调部分的权重),为各可调因子在合同总价中所占的比例;

F_{t1}——人工费的现行价格指数,指各施工年项目所在地省统计局统计年鉴中"全省单位就业人员平均工资及指数"中的指数;

F_{t2}——柴油的现行价格指数,指各计量月省发改委发布的各月0号柴油的综合最高零售价格;

F_{01}——人工费的基本价格指数,指2017年项目所在地省统计局统计年鉴中"全省单位就业人员平均工资及指数"中的指数;

F_{02}——柴油的基本价格指数,指2017年11月省发改委发布的0号柴油的综合最高零售价格。

式中的±3%表示柴油价格波动在±3%内不调差;式中的税率为投标时采用的税率3%(本项目有甲供材,采用简易计税)。

(2)各期指数、价格和完成工程量金额(含按原投标价格计算的变更金额)见表6-9-1。

A 标段各期指数、价格及完成工程量金额表　　　　　　　　　　　　表 6-9-1

时间		人工费指数	柴油(元/t)	完成工程量金额(元)
结算期	结算年月			
基期(2017 年 11 月)			7630	
1	2018 年 2 月		7935	11260000
2	2018 年 3 月		7590	16890000
3	2018 年 4 月		7590	28150000
4	2018 年 5 月		8150	29276000
5	2018 年 6 月		8275	27024000
6	2018 年 7 月	110.30	8480	26461000
7	2018 年 8 月		8430	30402000
8	2018 年 9 月		8550	30965000
9	2018 年 10 月		8925	33780000
10	2018 年 11 月		8720	22520000
11	2018 年 12 月		7710	22520000
12	2019 年 2 月		7340	16890000
13	2019 年 3 月		7620	33780000
14	2019 年 4 月		7910	22520000
15	2019 年 5 月		8020	28150000
16	2019 年 6 月		7625	30965000
17	2019 年 7 月	109.1	7750	25335000
18	2019 年 8 月		7375	25335000
19	2019 年 9 月		7480	33780000
20	2019 年 10 月		7360	349060000
21	2019 年 11 月		7630	34343000
22	2019 年 12 月		7910	11260000

注：人工费指数是以上一年为 100 进行公布的。

问题：

1. 计算人工费和柴油权重。
2. 计算 A 标段人工费调差金额。
3. 计算 A 标段柴油调差金额并填入表中。
（金额保留到整数，其他保留 2 位小数。）

分析要点：

物价波动引起的价格调整常用的方法有采用价格指数调整价格差额和采用造价信息调整价格差额。本案例主要考核价格指数调整价格差额的方法。价格指数可以是公布的相关指数,也可采用有关部门提供的价格代替。

📝 **参考答案:**

1. 权重计算

人工费权重 $B_1 = 6193 \div 56300 = 0.11$;

柴油权重 $B_2 = 3941 \div 56300 = 0.07$。

2. 人工费调差计算

(1) 2019 年实际指数计算:

以 2017 年为基期,2019 年的人工费指数为: $109.1 \times 110.3 \div 100 = 120.34$。

(2) 2018 年人工费调差计算:

$\Delta P_1 = 279248000 \times 0.11 \times (110.3/100 - 1) \times (1 + 3\%) = 3258796(元)$。

(3) 2019 年人工费调差计算:

$\Delta P_2 = 297264000 \times 0.11 \times (120.34/100 - 1) \times (1 + 3\%) = 6850514(元)$。

(4) A 标段人工费调差合计: $3258796 + 6850514 = 10109310(元)$。

3. 柴油调差计算

(1) 2018 年 2 月柴油调差金额计算。

$7630 \times (1 + 3\%) = 7858.9 < 7935$

$\Delta P_2 = 11260000 \times 0.07 \times [7935/7630 - (1 + 3\%)] \times (1 + 3\%) = 8097(元)$。

(2) 2019 年 1 月柴油调差金额计算。

$7630 \times (1 - 3\%) = 7401.1 > 7340$

$\Delta P_2 = 16890000 \times 0.07 \times [7340/7630 - (1 - 3\%)] \times (1 + 3\%) = -9752(元)$。

其他各月计算结果详见表 6-9-2。

A 标段柴油调差金额计算表　　　　　　　　　　　表 6-9-2

时间		完成工程量 金额(元)	柴油(元/t)	柴油调差 金额(元)
结算期	结算年月			
基期(2017 年 11 月)			7630	
1	2018 年 2 月	11260000	7935	8097
2	2018 年 3 月	16890000	7590	0
3	2018 年 4 月	28150000	7590	0
4	2018 年 5 月	29276000	8150	80531
5	2018 年 6 月	27024000	8275	106257
6	2018 年 7 月	26461000	8480	155303
7	2018 年 8 月	30402000	8430	164068
8	2018 年 9 月	30965000	8550	202219
9	2018 年 10 月	33780000	8925	340305
10	2018 年 11 月	22520000	8720	183245
11	2018 年 12 月	22520000	7710	0

续上表

时间		完成工程量 金额(元)	柴油(元/t)	柴油调差 金额(元)
结算期	结算年月			
12	2019年1月	16890000	7340	-9752
13	2019年3月	33780000	7620	0
14	2019年4月	22520000	7910	10874
15	2019年5月	28150000	8020	42853
16	2019年6月	3096500	7625	0
17	2019年7月	25335000	7750	0
18	2019年8月	25335000	7375	-6248
19	2019年9月	33780000	7480	0
20	2019年10月	34906000	7360	-13557
21	2019年11月	34343000	7630	0
22	2019年12月	11260000	7910	5437
合计		576512000		1269632